AF461367

HISTOIRE DES PLANTES

LES PLUS REMARQUABLES

DU BRÉSIL ET DU PARAGUAY;

COMPRENANT LEUR DESCRIPTION,
ET DES DISSERTATIONS SUR LEURS RAPPORTS, LEURS USAGES, etc.,

Avec des Planches, ~~en partie coloriées~~

PAR M. AUGUSTE DE SAINT-HILAIRE,
CORRESPONDANT DE L'ACADÉMIE DES SCIENCES, MEMBRE DE PLUSIEURS SOCIÉTÉS SAVANTES.

Dédiée à Sa Majesté Très-Fidèle.

3e et 4e Livraisons

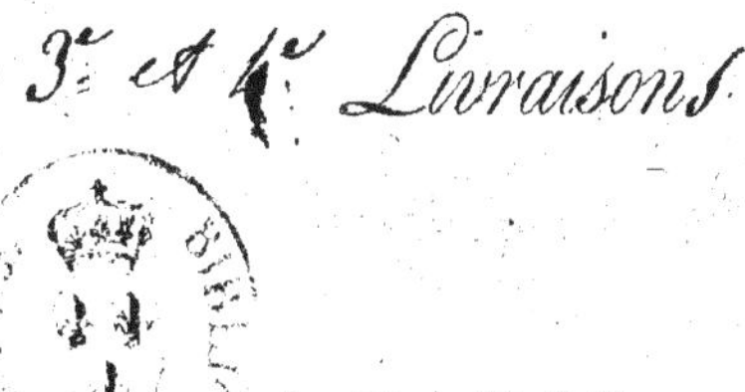

A PARIS,
CHEZ A. BELIN, IMPRIMEUR-LIBRAIRE,
RUE DES MATHURINS SAINT-JACQUES, N°. 14.
1824.

OBSERVATIONS

Sur le genre appelé DUFOUREA *par MM. Willdenow et Bory de Saint-Vincent, et* TRISTICHA *par M. Dupetit-Thouars; description d'une nouvelle espèce.*

(Lues à la Société Philomatique le 24 mars 1824.)

En répandant une merveilleuse diversité dans ses ouvrages, l'Auteur de la Nature a quelquefois répété les mêmes formes dans les êtres les plus différens; mais, si ces ressemblances extérieures trompent l'homme superficiel, elles deviennent, pour celui qui compare et qui étudie, une source de contrastes qui lui causent une surprise d'autant plus agréable qu'ils ont été cachés un instant sous le voile de l'uniformité. Telle est l'impression que j'éprouvai, quand je découvris la plante que je vais décrire.

Traversant, au mois de juin, le Rio-Claro, rivière peu éloignée de la frontière des provinces de Mato-Grosso et de Goyaz, j'aperçus de très-petites plantes sur des pierres qui étoient légèrement baignées par les eaux, et je m'empressai de les recueillir. Elles avoient à peine huit à onze lignes dans toute leur longueur, et présentoient une tige droite ou ascendante, rameuse et chargée de feuilles extrêmement petites, serrées et sessiles. Celles de l'extrémité des rameaux supérieurs étoient un peu plus grandes, et, du milieu d'elles, sortoit un support capillaire, terminé par une fructification allongée. En détachant cette plante des pierres sur lesquelles elle avoit pris naissance, qui n'auroit cru, comme moi, récolter une mousse? qui n'eût vu un *perichœtium* dans les feuilles supérieures des rameaux, une urne et son pédicule dans la fructification terminale?

Je me promenai dans le lit de la rivière, qui alors étoit peu profonde, j'enlevai tous les individus en fructification que je pus découvrir, et je revins au lieu où j'avois fait halte, persuadé que j'avois recueilli des *Hypnum*. Armé de ma loupe, je m'apprêtois déjà à compter les dents d'un péristôme, lorsque je reconnus avec étonnement, dans ma prétendue mousse, une plante phanérogame.

En voici la description détaillée.

Ses Tiges, sans y comprendre le pédoncule, sont, comme je l'ai dit, longues de 5 à 7 lignes, droites ou ascendantes, anguleuses, parfaitement glabres, assez grosses relativement à leur peu de longueur, souvent divisées dès la base en rameaux qui les égalent, et chargées, en outre, dans toute leur longueur, de branches qui généralement sont fort courtes. Ses Feuilles sont extrêmement petites, éparses et très-rapprochées, étalées, sessiles, ovales-triangulaires, un peu obtuses, absolument sans nervures, du moins quand elles sont humectées. Les Pédoncules sont terminaux, solitaires, longs d'environ 3 lignes, glabres, et sortent d'une Spathe composée de deux folioles. Celles-ci, se recouvrant par leurs bords, entourent la base du pédoncule; beaucoup plus grandes que les feuilles, elles sont opposées, concaves, ovales, assez larges, un peu aiguës, glabres, chargées d'une nervure dans leur milieu. Le Calice est dressé, profondément 3-partite, membraneux, glabre, persistant; à divisions oblongues, obtuses, concaves. La Corolle est nulle. Il n'existe qu'une Etamine hypogyne, alterne avec deux des divisions du calice, grêle, persistante; dont le filet est assez long et capillaire; dont l'anthère attachée par la base, linéaire-oblongue, immobile, 2-loculaire, glabre, s'ouvre longitudinalement du côté de l'ovaire. Les Styles sont terminaux, au nombre de 3, stigmatiques du côté intérieur depuis la base jusqu'au sommet, et persistans. L'Ovaire est oblong, obtus, 3-lobé, glabre, 3-loc., polysperme : les ovules attachés à des placentas axiles et proéminens sont en nombre indéterminé. La Capsule est oblongue, 3-lobée, obtuse, rétrécie à la base, chargée de 9 stries, et s'ouvre en 3 valves, dont les bords continus avec les cloisons membraneuses les déchirent par la déhiscence; de manière qu'une portion de chaque cloison est emportée par les valves, et que l'autre reste au centre avec les placentas, qui alors forment une masse libre. Les Semences sont nombreuses, irrégulièrement orbiculaires-elliptiques, rousses, glabres et un peu transparentes; on les découvre à peine à l'œil nu, et par conséquent il seroit impossible de les disséquer.

D'après cette description, il sera, je crois, impossible de ne pas reconnoître ici une espèce extrêmement petite du genre appelé *Dufourea* par MM. Willdenow et Bory de Saint-Vincent, et *Tristicha* par M. Dupetit-Thouars. Ma plante offre en effet, comme celle du dernier de ces savans, un calice libre et profondément 3-partite, une étamine unique, alterne avec deux folioles et dont l'anthère immobile s'ouvre du côté intérieur; enfin un ovaire simple et trois styles recourbés (Nov. Gen.

Mad., p. 3). M. Dupetit-Thouars dit à la vérité que, dans sa plante, les semences sont insérées à des placentas pariétaux, et, dans la mienne, elles le sont à des placentas axilles; mais si l'auteur de l'*Histoire des plantes d'Afrique* s'exprime autrement que moi sur ce point important, cela tient uniquement à ce que, comme il le dit lui-même, les moyens d'observation lui manquoient, lorsqu'il a découvert son genre, et un excellent dessin qu'il m'a fait voir montre si bien, dans son *Tristicha*, un ensemble de caractères semblables à ceux de mon espèce, qu'il est possible de révoquer en doute leur identité générique.

Ici s'élève une question de nomenclature qui n'est point sans difficulté et que je n'ai décidée, je l'avoue, qu'après de longues hésitations. M. Bory de Saint-Vincent avoit envoyé à Willdenow un grand nombre de plantes, et parmi elles étoit une espèce dont il s'étoit contenté de décrire le fruit et qu'il avoit étiquetée *Dufourea*. D'après les caractères indiqués brièvement par M. Bory, Willdenow qui décrivoit alors les *Lycopodiacées*, crut voir dans le *Dufourea* une plante de cette famille, et la plaça auprès des *Lycopodium*. L'ouvrage de Willdenow porte la date du 21 novembre 1809 et celle de 1810; ainsi le nom de *Dufourea* a l'antériorité sur celui de *Tristicha*, qui n'a été publié qu'en 1811. Il est absolument indifférent en soi-même que l'on donne à une plante un nom plutôt qu'un autre; mais il est incontestable que si la loi de l'antériorité n'est pas scrupuleusement observée, la nomenclature botanique tombera bientôt dans un chaos dont un nouveau Linné auroit peut-être lui-même de la peine à la tirer. Mais, dira-t-on, cette loi trouve-t-elle son application dans ce cas-ci, et ne seroit-ce pas consacrer une erreur que de conserver à une plante le nom sous lequel elle a été jetée, avec une phrase extrêmement succincte, dans une famille qui lui est étrangère? Jusqu'ici les botanistes ne l'ont point pensé, car ils transportent tous les jours un genre d'un groupe dans un autre, sans changer le nom de ce genre. Le *Trapa* a conservé son nom en passant des *Nayades* parmi les *Onagraires*, le *Ticorea* en devenant une *Rutacée*, le *Sechium* une *Cucurbitacée*, le *Myriophyllum* une *Cercodéenne*, le *Conocarpus* une *Combretacée*, etc., etc., et cependant la plupart de ces genres étoient décrits d'une manière inexacte, tandis que la phrase de Willdenow péchant seulement par la brièveté, ne renferme aucune erreur. Dans le seul ouvrage général qui présente des détails sur le genre qui nous occupe et où soient décrites les deux espèces connues jusqu'à la mienne, on a adopté tout à la fois le nom de *Dufourea* et les caractères de M. Dupetit-Thouars (le *Systema* de Rœmer et Schultes). Nous ne pouvons douter qu'il n'y ait identité entre le *Dufourea* et le *Tristicha*, puisque nous le savons par M. Bory lui-même; et l'homme qui a donné les meilleurs principes sur la nomenclature a été bien au-delà de ce que je dis ici, car en parlant des plantes indiquées sur les catalogues par un simple nom, il dit que si on les connoît d'une manière certaine et que les noms donnés soient conformes aux règles, il vaut mieux les admettre que d'en adopter de nouveaux (Dec. Theor., 2e. édition, p. 292). Ne craignons donc pas de pousser trop loin le respect pour l'antériorité, en conservant au genre qui nous occupe son premier nom de *Dufourea* et disons en même temps que la véritable connoissance de l'ensemble de ce genre appartient à M. Dupetit-Thouars.

Je vais actuellement en rechercher les affinités.

Si je regardois ma plante comme appartenant aux dicotylédones, il est évident que je chercherois inutilement sa place dans les diverses familles de cette grande classe. En ne considérant que ses styles, ses stigmates et son ovaire, je pourrois à la vérité être tenté de la rapporter aux *Caryophyllées;* mais la disposition des feuilles me feroit aussitôt rejeter cette idée, comme les caractères du jeune fruit me font également repousser celle d'un rapprochement avec les *Chonopodées.*

Quoique je n'aie pu analyser la graine de mon *Dufourea,* c'est aux monocotylédones qu'il me paroît indispensable de le rapporter; et ses tiges rameuses ne sauroient s'opposer à ce rapprochement, puisque la plupart des monocotylédones qui naissent sous les tropiques sont, comme l'on sait, divisées en rameaux. Les feuilles de ma plante rappellent dans de plus petites proportions les *Mayaca*, que l'on a également comparés à des mousses, et dont les fleurs sont absolument disposées comme dans l'espèce que je décris. Cette spathe à deux folioles qui entoure la base du pédoncule est un caractère qui n'appartient qu'aux monocotylédones; le nombre des divisions du calice leur appartient encore; enfin les semences ressemblent en petit à celles d'un grand nombre de *Joncées.*

Avec la sagacité qui le distingue, M. Dupetit-Thouars avoit aussi reconnu que son *Tristicha* appartenoit aux monocotylédones, et, s'il l'avoit placé parmi les *Nayades*, c'est que n'ayant pu observer les caractères de l'ovaire, il avoit été obligé en quelque sorte de ne consulter que les mœurs de la plante. C'étoit, comme l'on sait, d'après cette considération seule que l'on avoit formé la famille des *Nayades;* à mesure que l'on a mieux connu les genres dont elle étoit composée, ils ont été dispersés dans tout le règne végétal, et la prétendue famille des *Nayades* a entièrement disparu.

Le *Dufourea* a un calice très-analogue à celui des *Joncées*, des stigmates latéraux, un ovaire supérieur, et, comme dans la plupart des *Joncées*, cet ovaire est 3-loc. et polysperme avec des placentas axilles. Cependant il existe une différence très-sensible : l'étamine du *Dufourea* n'est point insérée sur la base du calice comme dans les *Joncées*, et les valves de la capsule ne portent pas non plus les cloisons dans leur milieu (*V.* Br. Prod., 257). D'un autre côté, si l'étamine de ma plante est hypogyne, celle des véritables *Restiacées* l'est également ; il y a plus : la déhiscence de la capsule est dans le *Dufourea* la même que celle du fruit des *Restiacées*, puisque, suivant M. Kunth (V. *Nov. Gen.*), l'ovaire des *Eriocaulon* se change en 3 coques ; et il ne sauroit y avoir de coque dans un fruit dont les cloisons ne sont point alternes avec les valves. Mais en même temps le *Dufourea* diffère des *Restiacées* par les caractères qui le rapprochent des *Joncées*, et par conséquent il indiqueroit la nécessité de laisser ces familles l'une à côté de l'autre, comme l'a proposé Robert Brown.

Après avoir décrit ma plante et discuté ses affinités, il ne me reste plus qu'à tracer en termes techniques les caractères du genre et de l'espèce.

DUFOUREA. Bory. Willd. Rœm. et Shult. (Caract. ref.)
Tristicha Dupet. Poir.

Calyx 3-partitus, membranaceus, persistens. Cor. o. Stamen 1, hypogynum, cum laciniis calycinis 2 alternans : filamentum complanatum, capillare : anthera basi affixa, immobilis, 2-locularis, longitrorsùs internè dehiscens. Styli 3, persistentes, intùs stigmatici (unde stigmata 3, lateralia). Ovarium superum, oblongum, 3-loculare, polyspermum : ovula numerosa, placentis 3 affixa axilibus, semi-cylindricis. Capsula 3-valvis; valvulis cum septis alternantibus, eademque dehiscentiâ effringentibus : placentis tunc liberis simulque massulam in centro capsulæ efformantibus, placentam unicam centralem liberam mentientem. Semina minutissima.

Herbulæ mirum in modum musciformes, ramosæ. Folia alterna, sparsa vel trifaria. Flores solitarii, sessiles vel sæpiùs pedicellati.

Genus inter *Jonceas* et *Resticeas* intermedium.

Dufourea hypnoïdes.

D. caule brevissimo, ramoso; foliis minimis, sparsis, ovato-triangularibus; pedunculis terminalibus basi 2-spathaceis.

Inveni super lapides madidos in alveo fluminis dicto *Rio-Claro*. Junio florebat.

MÉMOIRE SUR LE GYNOBASE,

CONSIDÉRÉ DANS LES POLYPÉTALES.

§ I.

Des Ochnacées.

Les plantes de nos climats, dont la corolle est polypétale et les étamines périgynes, ont constamment des styles et des stigmates portés sur leurs ovaires. Cette organisation est aussi la plus commune chez les espèces de la même classe qui croissent sous les tropiques; cependant, parmi elles, on trouve des exceptions en apparence fort remarquables. En effet, au milieu des plantes équinoxiales, il en est quelques unes où l'on voit plusieurs loges entièrement nues et parfaitement distinctes; et ces loges rangées symétriquement sur un réceptacle commun, le plus souvent en forme de colonne, se pressent autour d'un style unique porté sur le même réceptacle. Quelque singuliers que paroissent ces caractères, ils échappèrent long-temps à tous les botanistes : tant il est vrai que c'est pour ainsi dire de nos jours que l'on a commencé à étudier avec attention la structure si importante de l'ovaire et du fruit! M. de Candolle est le premier qui ait fait connoître celle que je viens de rappeler, et il a donné le nom de *gynobase* au réceptacle commun du style unique et des loges distinctes (*Mem. Och. in Ann. Mus.*, tom. 17, pag. 398). Un petit nombre de traits suffira pour compléter l'excellente description de ce savant auteur.

D'après la facilité avec laquelle les loges de l'*Ochna* et du *Gomphia* se détachent du réceptacle dans les fleurs desséchées, M. de Candolle (l. c., pag. 401) avoit pensé qu'elles étoient articulées sur le gynobase; mais il n'en est réellement pas ainsi. Dans les fleurs fraîches, on voit sans peine qu'il n'existe aucune articulation entre les loges et le gynobase, et qu'étant continus, ils forment un même ensemble.

La position de l'ovule dans l'ovaire offroit des caractères trop importans pour que je ne cherchasse pas à la découvrir chez les plantes à gynobase, lorsque dans le cours de mes voyages j'avois sous les yeux des espèces où existe cet organe. J'ai fait l'anatomie de plusieurs *Gomphia*, et, dans chaque loge, j'ai trouvé *un ovule unique attaché sur le gynobase, entre lui et l'enveloppe péricarpique, au point le plus voisin du style*, situation que j'ai depuis reconnue sur le sec dans les ovules du genre *Ochna*.

A présent que nous connoissons parfaitement tous les caractères qui accompagnent le gynobase, il nous sera plus facile de rechercher quelle est sa nature; et pour cela nous emploierons un moyen qui a toujours réussi aux sectateurs des rapports naturels, celui de la comparaison, moyen qui récemment encore a été recommandé avec tant de raison par un habile observateur. (*Turp. Iconog.*)

Les ovaires ordinaires chargés d'un ou plusieurs styles, d'un ou plusieurs stigmates, présentent un système complet de vaisseaux nourriciers et de vaisseaux spermatiques; et si, par exemple, dans une *Renonculacée* à cinq ovaires, j'en retranche quatre avec leurs stigmates, celui qui resteroit pourroit encore être fécondé. Mais si, dans un *Gomphia*, je supprime avec le style quatre des loges distinctes, il n'y aura plus de fécondation pour la loge restante. Le *Gomphia* ne présente donc qu'un système commun de fécondation pour les cinq loges, ou, pour mieux dire, pour leurs cinq ovules, et, par conséquent, quoique distinctes, ces loges ne forment qu'un ovaire.

Puisque dans ce genre, et en général toutes les *Ochnacées*, je trouve un style unique et cinq loges distinctes, il est bien évident que ceux des ovaires ordinaires avec lesquels l'ovaire gynobasique aura le plus d'analogie, présentera également des loges séparées par autant de cloisons, et qu'il sera surmonté d'un seul style. Un ovaire ainsi organisé est traversé au-dessous du style par un axe vertical auquel se rattachent les cloisons, qui se compose de tissu cellulaire et de vaisseaux spermatiques et nourriciers, et auquel les ovules sont fixés dans l'angle interne des loges. Or dans l'ovaire gynobasique, le style, les loges et les ovules se rattachent au gynobase, comme ailleurs ces mêmes parties se rattachent à l'axe central ou columelle; les vaisseaux nourriciers, arrivant de la base de la fleur, doivent nécessairement traverser le gynobase pour parvenir aux ovules; les vaisseaux spermatiques venant du style doivent le traverser aussi, comme ailleurs les uns et les autres traversent l'axe central; donc le gynobase remplit les fonctions de cet organe, ou, pour mieux dire, *un gynobase n'est autre chose qu'un axe central déprimé.*

Il est des ovaires parfaitement arrondis, d'autres où se dessinent des lobes, d'autres enfin, tels que celui du *Correa* et du nouveau genre *Almeidea*, où les loges entièrement distinctes se rattachent à un axe vertical, sans adhérer entre elles. S'il m'étoit permis de supposer un instant qu'un de ces derniers ovaires fût composé d'une matière molle et ductile, et que, poussant le style vers la base de la fleur, je pusse refouler l'axe central; peu à peu on le verroit s'étaler, les loges de l'ovaire s'inclineroient et deviendroient horizontales; enfin, j'aurois un gynobase chargé du style et de loges distinctes; et si les loges avoient renfermé un ovule unique et suspendu, cet ovule se trouveroit, comme dans le *Gomphia*, attaché sur le gynobase au point le plus voisin du style.

D'après ce qui précède, je ne saurois dire, avec M. de Candolle, que le gynobase est un péricarpe charnu placé au-dessous des loges, puisque je retrouve dans les loges le véritable péricarpe, et la columelle dans le gynobase. Mais M. de Candolle vouloit prouver que le gynobase, le style et les loges forment un pistil unique; et celui qui annonce une vérité nouvelle, se sert quelquefois d'expressions un peu outrées, pour faire sentir cette vérité plus fortement à ses lecteurs. Il est évident d'ailleurs que, dans la réalité, l'opinion de l'auteur du *Systema* ne diffère point de la mienne, puisque non-seulement il considère les quatre ou cinq loges des *Ochnacées* comme un ovaire unique, mais qu'il dit positivement (l. c., pag. 401), que le gynobase doit être traversé par les vaisseaux qui vont du stigmate aux ovules, caractère qui, quand il existe plusieurs loges, ne sauroit appartenir qu'à un axe central.

L'auteur élégant et profond des *Élémens de physiologie*

végétale s'est aussi exprimé à peu près de la même manière que moi sur la nature du gynobase. Il dit en effet (pag. 341) que le pistil gynobasique pourroit être considéré comme un péricarpe régulier dont l'axe central, surmonté du style, se seroit affaissé; et si l'on ne doit point appliquer le mot d'ovaire, comme l'a fait le même écrivain (pag. 225), aux loges des *Ochnacées*, ce que cette expression pourroit avoir d'inexact se trouve effacé par la phrase remarquable que j'ai citée plus haut.

Mais l'observation va démontrer aussi ce que le raisonnement a déjà prouvé, ce me semble, jusqu'à la dernière évidence.

En traversant ces bois nains qu'on appelle *carascos*, et qui sont si communs dans le district de Minas-Novas, j'y avois souvent remarqué un joli *Gomphia* que j'appelle *oleæfolia*, et dont les rameaux portent à leur extrémité de belles panicules de fleurs d'un jaune doré. Vers le lieu appelé *S.-Bartholomeo*, je crus que cette espèce avoit entièrement disparu; cependant j'observois un grand nombre d'arbrisseaux absolument semblables à elle pour le port et le feuillage; mais au lieu d'y trouver des panicules pareilles à celles du *G. oleæfolia*, je remarquai que les rameaux étoient terminés par une touffe serrée de branches menues qui, partant à peu près d'un même point, présentoient une espèce d'ombelle ou de corymbe. Ces branches étoient revêtues de petites bractées embriquées, ovales-aiguës, striées, pubescentes, et, de l'aisselle de ces dernières, il naissoit des bourgeons ou quelquefois des fleurs infiniment plus petites que celles du *G. oleæfolia*. Le calice, les pétales, les étamines, le style, étoient absolument ceux de tous les *Gomphia;* mais les lobes de l'ovaire, au lieu d'être distincts, étoient simplement très-divisés, ils se rattachoient tous à un axe vertical terminé par le style, et enfin l'ovule, fort petit, étoit fixé dans l'angle interne de la loge. Ne retrouvant plus ici les caractères attribués à la famille des *Ochnacées,* et n'étant point encore assez familiarisé avec l'extrême mobilité de l'organisation végétale, j'allois, je le confesse, considérer une simple monstruosité comme une espèce particulière, lorsqu'enfin ayant trouvé sur un seul pied des corymbes tels que je les ai décrits, et des panicules absolument semblables à celles du *Gomphia oleæfolia,* il me fut démontré que ma plante n'étoit autre chose que cette dernière espèce. Voilà donc dans un même individu des loges et un style qui se rattachent tantôt à un axe vertical, et tantôt à un gynobase; donc celui-ci n'est qu'un axe véritable; mais cet axe est déprimé au lieu d'être vertical.

§ II.

Des Simaroubées; des Rutacées proprement dites, et des Cuspariées.

Le principal but de M. de Candolle, dans son mémoire sur les *Ochnacées,* étoit de faire connoître les caractères de cette famille, et les espèces qui lui appartiennent. Ce but il l'a rempli avec le talent qui le distingue. Recherchant ensuite les rapports des genres *Ochna* et *Gomphia,* il crut leur en trouver avec un autre groupe, celui des *Simaroubées,* déjà légèrement indiqué par l'illustre Richard (*An. fr.* 21), et il consacra quelques pages à ces dernières plantes. Mais M. de

Candolle n'observoit les *Simaroubées* que par occasion, et avoit sous les yeux des échantillons secs; il voyoit dans ces plantes un style en apparence unique, un réceptacle en forme de colonne, chargé de cinq loges parfaitement distinctes; il étoit bien naturel qu'il conclût de là que le pistil des *Simaroubées* étoit organisé comme celui des *Ochnacées*. Il n'en est cependant pas ainsi, comme je m'en suis convaincu par l'analyse des fleurs de quatre nouvelles espèces de *Simaba* que j'ai observées dans mes voyages : mes *Simaba suaveolens*, *trichilioïdes*, *ferruginea* et *floribunda*.

Tous les quatre présentent, au centre de la fleur, un réceptacle long de deux lignes, qui ressemble absolument au gynobase des *Ochnacées*, et qui est aussi chargé de cinq loges libres et entièrement distinctes. Mais ici, et c'est une différence bien importante, le style n'est point inséré entre les loges et sur le même réceptacle qu'elles; chaque loge au contraire porte à son sommet un style particulier, et ces cinq styles, se dirigeant obliquement vers le centre de la fleur, se rencontrent bientôt, se soudent, et n'en forment plus qu'un seul qui se divise de nouveau, tout-à-fait au sommet, en cinq branches extrêmement petites, stigmatiques à leur face. L'ovule unique n'est point attaché au fond de l'ovaire: en rapport avec la position du style, il est suspendu immédiatement au-dessous du sommet de la loge, à l'angle du péricarpe qui regarde le centre de la fleur.

D'après tout ce qui précède, il est bien clair que, dans mes quatre *Simaroubées*, chaque loge munie d'un style particulier et renfermant un ovule pariétal, doit présenter un système complet de vaisseaux nourriciers et spermatiques, indépendant de celui des quatre autres loges. Donc il existe ici cinq ovaires parfaitement distincts, et non, comme dans les *Ochnacées*, un ovaire unique dont les loges se rattachent à un système commun; donc enfin nous n'avons point ici de gynobase. Si par conséquent les *Ochnacées*, comme on le verra bientôt, ont des rapports réels avec les *Simaroubées*, ce n'est point immédiatement par la structure de leurs organes femelles, et dans le cas où l'on croiroit, à l'exemple de M. de Candolle, devoir former une classe particulière de plantes à ovaire gynobasique (Théor. p. 245), il faudroit en exclure les *Simaroubées*.

Je ne suis pas le seul au reste qui ait vu dans les *Simaroubées* les caractères que je viens de décrire. Aublet dit positivement que l'*Aruba guayanensis* (Guy., pag. 194), a trois styles réunis en un seul, et tout le monde sait que cette plante n'est autre chose que le *Simaba guayanensis* (l. c., pag. 862). Il va plus loin encore en décrivant le *Simarouba amara*, puisqu'il lui attribue cinq ovaires surmontés chacun d'un style, et il ajoute ensuite que les cinq styles semblent n'en former qu'un seul. Mon savant ami, M. C. Kunth, ne s'est point exprimé d'une manière aussi précise dans sa description du *Simaba Orinocensis* (Nov. gen. vol. VI, pag. 18); mais la figure où il trace l'intérieur de l'ovaire de cette dernière plante, offre, comme dans mes espèces, un ovule unique suspendu dans sa loge un peu au-dessous du sommet de l'ovaire, et celui-ci est également chargé de la base de son style.

J'ai été curieux de savoir si ces caractères se retrouveroient aussi dans le *Quassia amara*, premier type du groupe des *Simaroubées*, et voici ce que j'ai observé. Un réceptacle court, épais, presque cylindrique, porte cinq ovaires très-rapprochés, mais qui n'adhèrent par aucun point, et présentent, comme ceux de mon *Simaba floribunda*, trois côtés dont les deux latéraux planes et l'extérieur convexe. Celui-ci est en outre relevé d'une côte qui devient d'autant plus sensible qu'elle se rapproche davantage du sommet de l'ovaire, et qui se prolonge en un style oblique. Ce style se rencontre presque aussitôt avec les quatre autres, et tous ensemble n'en forment plus qu'un seul à cinq côtes. Chaque ovaire contient un ovule oblong et elliptique, qui est suspendu dans l'angle interne un peu au-dessous du sommet de la loge, et le cordon ombilical se rattache au tiers de la longueur de cet ovule.

Cette organisation est celle de mes *Simaba floribunda*, *ferruginea*, etc., et enfin, comme je m'en suis convaincu par une analyse attentive, elle est celle du *Simaba Guayanensis*, type du genre *Simaba*. Donc il est actuellement démontré que les *Simaroubées* se caractérisent *par l'existence d'un réceptacle en forme de colonne qui porte des ovaires distincts, uniloculaires et monospermes; par celle d'un nombre de styles égal à celui des ovaires, et bientôt réunis en un seul; par la suspension des ovules, et enfin par l'absence totale du gynobase.*

Mais s'il n'y a point de gynobase dans les *Simaroubées*, que sera cette colonne qui porte les ovaires? Il n'est, je crois, aucun botaniste qui ne puisse répondre à cette question. Tous savent en effet que le réceptacle de la fleur, se prolongeant au-dessus de la base du calice, emporte quelquefois avec lui la corolle, les étamines et les ovaires; quelquefois seulement les organes sexuels, et quelquefois encore les pistils sans les étamines et la corolle; ils savent aussi que quelquefois ce réceptacle prolongé se dilate en forme de coupe dans la partie chargée des étamines, et enfin qu'il éprouve une foule de modifications, suivant les genres et les espèces. La colonne centrale des *Simaroubées*, portant les ovaires, et intermédiaire entre eux et la base du calice, ne peut être évidemment aussi qu'une portion prolongée du réceptacle, et on l'appellera, si l'on veut, un *gynophore*.

Je propose ici d'employer ce mot, parce qu'il a été adopté dans la première édition de la *Théorie élémentaire* de M. de Candolle, dans les *Élémens* de M. Mirbel, ceux de M. Richard fils, et que ces auteurs l'ont très-bien défini. Mais on sait qu'il a été imaginé, surtout par les botanistes du Nord, une foule d'autres expressions pour désigner le prolongement du réceptacle de la fleur. Plusieurs sont absolument synonymes; d'autres désignent les diverses modifications du réceptacle prolongé: ainsi un terme indique le prolongement quand il n'est chargé que des organes femelles; un autre quand il ne porte que les organes mâles, comme cela peut arriver dans les fleurs unisexuelles; un autre terme doit représenter le gynophore, lorsqu'il éprouve une dilatation latérale, etc.; et de là les mots *técaphore*, *basigyne*, *polyphore*, *torus*, *gynophore*, etc. Mais si l'on veut s'amuser un instant à considérer, comme autant d'entre-nœuds raccourcis, les espaces étroits qui se trouvent entre les verticilles dont se compose la fleur, on ne sera assurément pas tenté d'imaginer des expressions différentes pour peindre le plus ou moins de longueur que ces légers intervalles sont susceptibles de prendre. Si, rejetant de telles considérations, on regarde simplement comme une dilatation du réceptacle, cette colonne qui élève au-dessus du calice les diverses parties de la fleur, quelle utilité trouvera-t-on à indiquer par des mots étrangers à notre langue, les différentes nuances de la dilatation, suivant que se faisant sentir plus ou moins près des parois du calice, elle emporte seulement le pistil, ou qu'elle emporte encore la corolle et les étamines? Il n'est pas même nécessaire, ce me semble, d'avoir un mot particulier pour désigner le prolongement du réceptacle, quand il ne porte que les organes mâles, parce que cela n'arrive que par l'avortement des organes femelles souvent remplacés par un rudiment; et lors même que, par une métamorphose extraordinaire, je trouverois, comme dans les fleurs mâles de plusieurs *Croton* du Brésil, une étamine centrale, je ne verrois pas encore de raison pour employer un autre mot que celui de *gynophore*, parce que je sais fort bien que cette étamine ne fait qu'occuper la place d'un ovaire. Le réceptacle dilaté dans la fleur, l'axe central déprimé dans l'ovaire, sont deux modifications assez remarquables pour qu'on les désigne par des expressions distinctes; ainsi adoptons pour la première le mot de *gynophore*, et pour la seconde celle de *gynobase*; mais évitons de consacrer tant de termes divers pour peindre des modifications d'un organe qui n'est lui-même qu'une modification. Privé pendant long-temps du secours des livres, peut-être me suis-je attaché trop exclusivement à la terminologie qui avoit fait l'objet de mes premières études botaniques et qui s'étoit gravée dans ma mémoire. Si je n'éprouvois ce doute, je me joindrois ici à un habile Iconographe; et, comme lui, je ferois des vœux pour qu'on mette des bornes à l'accroissement des termes botaniques; j'essaierois de montrer que celui qui cherche dans la connoissance des végétaux un noble délassement, rebuté par l'aspect ténébreux d'une science d'initiés, repoussera une étude aimable qu'il auroit peut-être cultivée avec quelque succès; je montrerois qu'en s'éloignant à peine du langage vulgaire, les Lamarck, les Desfontaines, les Smith n'ont pas été moins clairs, moins vrais, moins élégans; je ferois voir combien M. Charles Kunth s'est peu écarté de la terminologie linnéenne, et cependant il est entré dans les détails les plus délicats, il a tout vu, tout décrit avec exactitude.

Mais je ne prolongerai pas davantage cette digression. Je reviens à mon sujet, et je dirai quelques mots du *podogyne*, autre modification, qu'on a coutume de définir avec le gynophore et le gynobase. C'est mieux faire connoître un organe que de déterminer la nature de ceux qui l'avoisinent. Tout le monde sait que certains ovaires, tels que ceux d'un grand nombre de *Légumineuses*, sont portés par une sorte de pédicelle grêle; c'est là cette partie de la fleur que l'on a appelée *podogyne*, qui a été définie comme étant un rétrécissement de l'ovaire, et qu'on a recommandé de ne pas confondre avec le gynobase et le gynophore. Il est bien clair que le podogyne n'est pas un axe central déprimé, et que, par conséquent, ce n'est point un gynobase. J'avouerai que, trompé par la définition que je viens de rappeler, j'ai cru pendant quelque temps que le podogyne différoit réellement aussi du gynophore; mais voici ce que la réflexion doit nécessairement suggérer. La végétation s'opère de bas en haut, et c'est par conséquent dans ce sens que nous devons considérer les plantes. Le podogyne se trouve au-dessous de l'ovaire; ainsi il n'en est point un rétrécissement, car un corps ne sauroit se rétrécir qu'au-dessus du point où il commence, et il n'est personne qui voulût appeler le pédoncule un rétrécissement de la fleur. Le podogyne est, comme le gynophore, continu avec le réceptacle ; comme lui il est intermédiaire entre le réceptacle et l'ovaire; comme lui enfin il supporte le péricarpe, et puisqu'il a toutes les qualités du gynophore, il ne sauroit être autre chose que le gynophore lui-même. Or, puisque l'on trouve tous les intermédiaires entre les gynophores les plus épais et les plus grêles, il est clair qu'il vaut mieux, comme nous faisons pour la feuille et la corolle, peindre ces nuances légères par des épithètes que par des mots distincts qu'il faudroit multiplier à l'infini ; et par conséquent il sera convenable, si je ne me trompe, de reléguer avec tant d'autres, l'expression de *podogyne*, parmi les synonymes du mot gynophore.

Souvent, à la vérité, le gynophore proprement dit est articulé avec l'ovaire, pendant que dans les plantes où l'on a signalé un podogyne, il n'y a point ordinairement d'articulation entre lui et le pistil; mais le pédoncule est assurément bien différent du calice, et pourtant il arrive assez rarement qu'il y ait une articulation immédiate entre lui et la fleur, tandis que quelquefois l'on voit une articulation dans le milieu même du pédoncule. Le support des ovaires de l'*Helicteres*, fort long et extrêmement grêle, porte à son sommet les étamines, et souvent un second rang de pétales bien distincts; ce seroit donc un gynophore; cependant il n'existe aucune articulation entre lui et les ovaires, et il persiste encore après la maturité (1).

Cependant, dira-t-on, si la colonne qui porte les ovaires des *Simaroubées* est un gynophore, et celle qui soutient le pistil unique des *Ochnacées* un gynobase, comment se fait-il que deux modifications d'organes aussi différens se présentent absolument sous le même aspect ? On a vu que dans les *Ochnacées* l'ovule étoit inséré sur le sommet de la colonne au point le plus voisin du style; par conséquent il suffit que les vaisseaux spermatiques rampent sous la surface de la colonne dans une foible épaisseur. Tout ce qui est au-dessous de cette surface gynobasique, étant aussi peu parcouru par les conducteurs que le gynophore des *Simaroubées*, n'appartiendra évidemment point au gynobase ; ce sera un véritable gynophore; et ainsi *nous n'aurons dans les Simaroubées qu'un gynophore*, et *chez les Ochnacées nous aurons un gynophore et de plus un gynobase*, ou si l'on veut, dans ces dernières, *le sommet du gynophore servira de gynobase.* Ceci est tellement vrai que, dans la monstruosité du *Gomphia oleæfolia* que j'ai citée plus haut, et où il n'existe point de gynobase, mais un axe vertical, l'ovaire est cependant soutenu par une colonne. Il y a plus encore : la limite des deux modifications d'organes peut se reconnoître après la chute de la corolle dans une autre *Gomphia* de la Flore du Brésil, car la partie inférieure et la plus considérable de la colonne y con-

(1) L'examen fait sur le frais des espèces brasiliennes m'a convaincu que les étamines et le second rang de pétales naissaient au-dessous des ovaires et non, comme on pourroit le supposer, du fond du calice, cas où il faudroit que le gynophore fût entouré d'un long tube qui dans la réalité n'existe point

serve la figure d'une pyramide renversée, et la partie supérieure se dilate en forme de boule.

M. de Candolle a énuméré avec beaucoup d'exactitude et de précision les différences qu'il avoit trouvées entre le groupe des *Ochnacées* et celui des *Simaroubées ;* mais il en est quelques-unes que de nouvelles observations font disparoître. Ainsi les *Simaroubées* que j'ai trouvées dans mes voyages, mes quatre *Simaba* et mon *Simarouba versicolor* (1) sont toutes d'une extrême amertume, mais leur suc propre n'est point laiteux, et par conséquent ce caractère ne sauroit être assigné au groupe tout entier. Mes *Simaroubées* et celles de M. de Humboldt ont leur ovaire 1-sperme comme le sont les loges des *Ochnacées*. Enfin la différence de la position de l'embryon par rapport au fruit est sans aucune valeur, puisque dans la réalité l'ovule est également suspendu dans les *Ochnacées* et les *Simaroubées,* et que la radicule y aboutit également à l'ombilic; ce qui, soit dit en passant, confirme encore ce principe si bien démontré par l'illustre Richard, savoir, qu'il faut considérer l'embryon dans la graine et la semence dans le fruit, ou, pour mieux dire, l'ovule dans l'ovaire, et que la distinction de radicule supérieure et inférieure ne peut souvent qu'amener des erreurs.

Mais les nouveaux rapports que je viens d'indiquer entre les *Ochnacées* et les *Simaroubées* sont, je crois, bien plus que compensés par l'existence d'un seul pistil gynobasique dans le premier de ces groupes, et celle de plusieurs ovaires distincts et munis de leur style chez les *Simaroubées*. M. de

(1) Voyez Plantes usuelles des Brasiliens, N°. V.

Candolle demande, dans son mémoire, s'il faudra les considérer comme des sections d'une même famille ou comme deux groupes distincts. C'est pour ce dernier parti qu'il s'est décidé depuis; son exemple a été suivi par M. de Jussieu (in Mirb. Elem., p. 836), et il est évident, d'après tout ce qui précède, que je n'hésiterai pas à me ranger de l'opinion de ces savans illustres.

Au reste, si mes observations éloignent davantage les *Ochnacées* des *Simaroubées*, elles rapprochent singulièrement celles-ci d'une famille déjà indiquée comme en étant voisine. En effet, ce n'est pas seulement dans les *Simaroubées* que je trouve des ovaires parfaitement distincts et un nombre égal de styles qui, naissant de leur sommet, se soudent presque aussitôt en un style unique. J'ai reconnu sur le frais ce caractère singulier dans six plantes qui appartiennent à ces *Rutacées* anomales, dont l'illustre Brown a signalé le premier la véritable place (Gen. rem.), et que M. de Candolle vient de nous faire connoître avec plus de détails sous le nom de *Cuspariées* (Mém. Mus. vol. 10). Il y a plus : j'ai observé la même organisation et avec un gynophore dans toutes les espèces d'un genre qui appartient aux *Rutacées* régulières, le *Pilocarpus racemosa* Wahl, mes *Pilocarpus spicata* et *pauciflora*, plantes nouvelles du Brésil, et une autre espèce nouvelle de la flore de Cayenne. Enfin je trouve également dans les *Eriostemon* un gynophore peu élevé, et cinq ovaires qui n'ont entre eux aucune soudure et ne se rattachent point à une columelle centrale; qui, quoique très-rapprochés, permettent qu'on passe entre eux la pointe d'une grosse épingle, et qui, au quart ou au tiers de leur longueur, portent chacun un style; ce qui en forme cinq dont la réunion n'en fait bientôt qu'un seul.

M. de Jussieu avoit déjà indiqué les rapports des *Simaroubées* avec les *Rutacées* (Gen., p. 282); il avoit fait plus encore, il avoit placé (Gen., p. 298) dans la même section que le *Diosma* et l'*Emplevrum*, l'*Arube*, qui, comme je l'ai dit, n'est que le *Simaba*. Ces affinités n'avoient pas non plus échappé à Cavanilles (Ic. 40), ni à Willdenow, ni à M. de Humboldt (Pl. equin. II, p. 61); et enfin M. de Candolle, croyant devoir élever les *Simaroubées* au rang de famille, les a placées auprès des *Rutacées*. Combien ces mêmes rapports deviennent intimes, à présent que nous retrouvons dans les organes femelles des *Rutacées* et des *Simaroubées* une structure qui n'appartient guère qu'à ces deux groupes. Mais ce n'est point là que se borne la ressemblance; elle est à peu près la même dans toutes les parties des plantes qui nous occupent. Les deux groupes offrent également des tiges arborescentes. Des feuilles composées sont un caractère commun aux *Simaroubées* et à un grand nombre de *Rutacées*. Les premières, j'en conviens, ne présentent ni le port du *Diosma*, ni celui du *Dictamnus*; mais les *Rutacées* n'ont point un port qui leur soit propre: quelle ressemblance de port trouveroit-on, par exemple, entre la *Rue* et le *Correa*, le *Calodendron* et les *Erodia*, et même le *Moniera* et mon *Galipea pentagyna?* La forme des fleurs est à peu près la même dans mes *Simaba trichilioïdes* et *ferruginea*, et dans les *Galipea pentagyna*, *heterophylla*, etc. Cette écaille qui accompagne les étamines des *Simaroubées* se retrouve dans le *Porliera* (Ruiz et Pav. Fl. per. 44), genre très-voisin des *Rutacées*, et dans le *Raputia* de la flore de Cayenne (espèce du genre *Galipea*). Les points transparens qu'on observe dans les feuilles des *Rutacées* n'existent, je l'avoue, ni dans le *Quasia*, ni dans le *Simaba*, ni dans le *Simarouba*; cependant les fleurs de mon *Simaba suaveolens* sont parsemées de points glanduleux extérieurs, et des feuilles marquées de points transparens ne sont point non plus un caractère universel chez les *Rutacées*, puisque le *bois poivrier* (Juss. Gen. 374), que personne n'éloignera de cette famille, est, comme les *Simaroubées*, entièrement dépourvu de vésicules diaphanes, et il en est de même du *Galipea macrophylla*. La saveur amère et les propriétés fébrifuges des *Simaroubées* se retrouvent dans le *Cortex angusturæ*; elles se retrouvent au degré le plus éminent dans mon *Evodia febrifuga*, que les Mineiros appellent *tres folhas vermelhas*, et mon *Ticorea febrifuga* qu'ils nomment *tres folhas brancas*. Les *Simaroubées*, il est vrai, n'ont aucun périsperme, et chez les *Rutacées* l'on indique l'embryon comme étant entouré d'un périsperme charnu; mais il n'en existe dans le *Moniera* qu'une très-petite lame, qui, adhérant au tégument propre, s'enfonce entre les deux divisions du cotylédon intérieur et qui peut facilement échapper aux recherches; je n'ai découvert aucune trace de périsperme dans mon *Galipea Fontanesiana*; M. Mikan n'en a pas vu davantage dans le *Galipea macrophylla* (*Conchocarpus macrophyllus* M.); enfin le *Pilocarpus*, que sa fleur, son fruit, ses feuilles parsemées de points transparens ne permettent assurément pas de séparer des *Rutacées*, le *Pilocarpus*, dis-je, n'offre aucun périsperme, comme Wahl l'avoit déjà dit, et comme je m'en suis assuré moi-même par l'analyse soignée de mon *Pilocarpus spicata*. Des auteurs ont attribué aux *Simaroubées* des fruits un peu charnus et indéhiscens; mais ce que disent et Gærtner (Fruct., 1, p. 340) et Aublet (Guy., 862, 295, 400) prouve que la substance charnue est à peine sensible; Kunth n'a pas craint de donner le nom de *coque* au fruit des *Rutacées* et à celui des *Simaroubées;* de Candolle affirme positivement que dans ces dernières le fruit est déhiscent (Mém. Och. in Ann. Mus., vol. 17, p. 422); Gærtner dit qu'il lui a paru s'ouvrir de lui-même (l. c.), que s'il a des rapports avec la baie, il en a aussi avec la capsule, et qu'il est revêtu intérieurement, comme dans les *Rutacées*, d'une membrane propre et cartilagineuse; enfin, suivant Aublet, les ovaires du *Simarouba* (Guy., 862) se changent en capsules qui, sous une écorce peu charnue, offrent une coque mince et cassante, et les fruits du *Simaba*, ajoute le même auteur, sont secs, minces et capsulaires (Guy., 295 et 400).

Si nous résumons à présent l'examen comparatif qui précède, nous trouverons que presque tous les caractères des *Simaroubées*, et les plus importans, sont également communs au groupe des *Rutacées ;* qu'un ou deux de ces caractères, moins universellement répandus dans la dernière famille, s'observent cependant chez quelques espèces; enfin que la seule différence réelle se trouve peut-être dans la nature du péricarpe, et que même elle est à peine sensible. Le fruit des *Simaroubées* formera une nuance entre celui des *Ochnacées* qui est entièrement charnu et celui des *Rutacées* parfaitement capsulaire, et c'est avec ce dernier qu'il aura le plus de rapports.

Nous rapprocherons nos divisions, autant qu'il est possible, du plan de la nature, si nous convenons que les différens ordres de coupes doivent indiquer différens ordres d'affinités; et puisque nous ne saurions empêcher qu'il n'y ait dans nos arrangemens beaucoup d'arbitraire, prenons pour norme l'ouvrage immortel qui le premier a présenté aux botanistes la vaste série des plantes disposées d'après la valeur de leurs rapports, ouvrage qui est encore resté le plus parfait de tous ceux qui embrassent l'ensemble des végétaux. Lorsque nous reconnoîtrons entre deux groupes de plantes autant de différences qu'il en existe entre les familles les plus voisines du *Genera* de Jussieu; que ces groupes soient pour nous des familles; qu'ils soient des tribus, si les rapports sont plus intimes; et enfin des sections, lorsque les différences deviennent encore moins sensibles. Tel est l'esprit qui a dicté les règles que M. de Candolle a prescrites (Théor. élément., p. 191 et suiv.), et elles seront adoptées, je crois, par tous les botanistes qui craindront d'introduire le désordre dans la science. Or puisque nous trouvons réellement beaucoup moins de distance entre les *Simaroubées* et les *Rutacées* qu'il n'y en a entre les diverses tribus des *Rosacées*, entre les *Potentilles* et les *Amygdalées*, par exemple, nous ne verrons plus dans les *Simaroubées* qu'une simple tribu du groupe des *Rutacées*.

En isolant davantage les *Ochnacées*, je suis bien loin de prétendre qu'elles n'aient point de rapports avec les *Rutacées*. La présence constante du gynobase, l'existence d'un fruit charnu, celle des stipules, un port particulier, en font une famille distincte; mais où placeroit-on cette famille si, s'écartant de la manière de voir parfaitement juste de M. de Candolle, on ne la mettoit auprès des *Rutacées?* Toutes celles-ci n'ont pas, comme la tribu entière des *Simaroubées*, comme beaucoup de *Cuspariées*, le *Pilocarpus* et l'*Eriostemon*, cinq ovaires placés sur un gynophore, et surmontés d'autant de styles bientôt réunis en un seul. J'observe dans le *Correa alba* un gynophore plane, épais, à dix crénelures, et un seul ovaire en apparence globuleux, mais qui, débarrassé des poils qui le couvrent, montre quatre lobes un peu adhérens tout-à-fait à la base, et d'ailleurs parfaitement distincts jusqu'à l'axe qui est surmonté du style. Or, j'ai également trouvé dans l'*Ochnacée* que j'ai déjà citée, et qui étoit devenue monstrueuse, un gynophore et des lobes distincts rangés autour d'un axe vertical terminé par le style. Donc les *Ochnacées*, comme l'a dit M. de Candolle, ont un grand rapport avec les *Rutacées*, puisqu'un léger degré d'affoiblissement, qui n'appartient pas toujours à toutes les fleurs d'un même individu, fait du pistil d'une *Ochnacée* celui d'une *Rutacée*. Il y a quelque chose à ajouter encore. Les lobes de l'ovaire du *Diosma* ne sont pas à la vérité séparés jusqu'à l'axe; mais cet axe ne commence point au sommet géométrique de l'ovaire; ses trois lobes se terminent par une pointe libre, et par conséquent voilà déjà ici une légère ébauche d'un commencement de dépression dans l'axe, dépression qui, comme nous l'avons dit, constitue le gynobase. La dépression va beaucoup plus loin encore chez le *Dictamnus* et chez ceux des *Ruta* que j'ai soumis à l'examen, puisque l'axe n'y occupe que le tiers ou même le quart inférieur des lobes d'ailleurs parfaitement libres; et comme cet ovaire est porté sur une courte dilatation du réceptacle de la fleur, il est clair qu'il se nuance avec l'ovaire gynobasique des *Ochnacées*.

Si je considère, dans le pistil seulement, l'ensemble des *Zygophyllées*, des *Ochnacées* et des diverses tribus de la famille des *Rutacées*, je trouve dans les *Zygophyllées* un ovaire, comme ils le sont tous, simple ou lobé, et surmonté de son style; le *Diosma* présente déjà une dépression dans l'axe; cette dépression est beaucoup plus sensible chez le *Dictamnus* et parmi les *Ruta*, puisque l'axe n'y a que le tiers ou le quart de la longueur de l'ovaire; et j'arrive ainsi au gynobase un peu conique de quelques *Ochnacées*, puis à celui qui, parfaitement plane, supporte cinq lobes entièrement distincts. La séparation est presque aussi sensible chez le *Correa alba* et les *Almeidea rubra*, *lilacina* et *longifolia* N.; mais l'axe reste vertical au lieu d'être déprimé. Le *Galipea heterophylla* N. présente cinq ovaires; cependant ils sont soudés tout-à-fait au sommet, et ne portent qu'un style. Ceux du *Galipea Fontanesiana* N. sont légèrement adhérens à l'angle central, et, par une singularité remarquable, leurs styles sont presque libres. Dans tous les *Pilocarpus*, les cinq ovaires ont leur base enfoncée dans le gynophore, et là ils ne forment qu'un tout; plus haut ils restent entièrement libres, et les styles ne sont soudés qu'au-dessous du stigmate. Chez beaucoup de *Cuspariées*, la tribu entière des *Simaroubées*, les *Eriostemon*, les ovaires sont absolument distincts; il existe cinq styles, mais ceux-ci bientôt se réunissent en un seul. Le *Galipea pentagyna* N. offre cinq ovaires un peu soudés tout-à-fait au sommet; mais chacun d'eux porte un style parfaitement libre dans toute sa longueur. Kunth a encore trouvé une légère adhérence dans les styles et les ovaires de quelques *Zygophyllum* (Nov. gen., vol. VI, p. 1); mais enfin la plupart des espèces de ce même genre ont des styles et des ovaires entièrement distincts.

Tout ce qui précède n'indiqueroit-il pas que la nature s'est en quelque sorte essayé dans la famille des *Rutacées* à former d'un seul ovaire multiloculaire, monostylé et symétrique, plusieurs ovaires uniloculaires, munis chacun d'un style (1)? Et si, comme le pensent MM. de Candolle et Brown, on doit mettre à la tête du règne végétal ces familles où l'on trouve une division bien prononcée dans les organes, et par conséquent une grande vigueur relative, ne sembleroit-il pas que l'on dût ranger après elles, les *Rutacées* qui offrent une ébauche de cette séparation d'organes, et présentent un passage de ces familles vigoureuses à celles où la force de développement ne sauroit aller jusqu'à partager l'ovaire symétrique en plusieurs ovaires distincts?

On peut tirer de ce qui précède une conséquence plus rigoureuse encore, et qui aura plus d'utilité dans la pratique ; c'est qu'un caractère ailleurs si important, la réunion des ovaires et des styles, ou leur séparation, reste absolument sans nulle valeur parmi les *Rutacées*, puisque, dans cette famille, on observe toutes les nuances intermédiaires entre la réunion et la séparation totale, et que si, par exemple, nous prenons deux genres extrêmement voisins, le *Ticorea* et le *Galipea*, nous trouverons dans le *Galipea pentagyna* N. cinq ovaires et cinq styles, et dans les *Ticorea longiflora* Dec. et *jasminiflora* N., un style simple et un ovaire unique. Donc nous aurons ici une preuve de plus de cette vérité déjà annoncée

(1) Je ne crois pas avoir besoin de dire que les expressions dont je me sers ici sont purement métaphoriques, comme le sont les mots *soudure* et *avortement*, destinés à faire sentir d'une manière plus frappante certaines analogies.

par Magnol, et proclamée de nos jours par MM. Mirbel et de Candolle, savoir, que chaque famille a en quelque sorte ses mœurs particulières, et que les mêmes caractères n'ont point une valeur égale dans les diverses familles.

Il ne sera pas inutile, je crois, de profiter des observations qui précèdent, pour examiner si l'on doit établir des divisions dans la famille des *Rutacées*, et sur quels diagnostics il faudra les fonder.

Je ne parlerai point de la première section de cette famille, telle qu'on la trouve formée dans le *Genera Plantarum*, puisqu'on s'est accordé à faire de cette section une famille distincte sous le nom de *Zygophyllées*, changement qui peut être conservé sans nul inconvénient.

Le diagnostic proprement dit de la tribu des *Simaroubées* se trouvera dans la nature du péricarpe qui, à ce qu'il paroît, est extérieurement fongueux ou un peu charnu, au lieu d'être bien décidément capsulaire, et où probablement l'endocarpe ne se sépare pas aussi nettement que chez les autres *Rutacées*. Quoiqu'on trouve chez celles-ci des espèces sans points glanduleux, d'autres sans périsperme, d'autres enfin où plusieurs ovaires distincts, portés sur un gynophore, sont terminés par des styles bientôt réunis en un seul, ces caractères cependant serviront puissamment à distinguer les *Simaroubées*, puisqu'ils paroissent constans dans toute cette tribu.

Sans parler des *Cuspariées*, M. de Candolle a cru devoir former dans les *Rutacées* trois sections: les *Rutacées proprement dites*, qu'il borne aux genres *Ruta* et *Piganum*; les *Diosmées*, qui doivent comprendre les genres *Diosma*, *Dictamnus*, *Correa*, *Eriostemon* etc., et enfin les *Zanthoxylées*.

qui embrassent les genres *Zanthoxylum* et *Aubertia*. La première section se caractériseroit par un gynophore peu saillant, des pores nectarifères sur la base de l'ovaire et des loges polyspermes; la deuxième par un gynophore assez sensible, des graines au nombre de une à trois dans chaque loge et un style simple; la troisième par des styles et des ovaires distincts.

S'il existe quelque différence dans la hauteur du gynophore entre les plantes de la première et de la seconde section, elle est souvent à peine sensible, et quand elle le seroit davantage, ce n'est pas, ce me semble, sur une longueur plus ou moins grande, dans une simple modification d'organe, que l'on peut établir deux tribus différentes. L'on voit, je le sais, des points glanduleux sur la base de l'ovaire du *Ruta;* mais on en trouve d'à peu près analogues sur le jeune fruit tout entier de plusieurs *Diosmées*. Dans les espèces de *Diosmées* que j'ai observées, j'ai trouvé deux ovules péritropes-ascendans; M. de Candolle dit qu'il y en a jusqu'à trois, et je me rappelle un *Ruta* qui n'en avoit que quatre. Des nuances si bien fondues ne permettent aucune coupe, et, d'après ce que j'ai dit plus haut, il est bien évident que la séparation et la réunion des ovaires ne sauroient non plus en fournir. Si nous admettions ces derniers caractères, que ferions-nous de l'*Eriostemon* et du *Pilocarpus*, qui ont des ovaires distincts et des styles bientôt soudés? que ferions-nous surtout de mon *Zanthoxylum monogynum* qui n'a qu'un seul ovaire, mais où ce dernier uniloculaire, et surmonté d'un style oblique, ne fait autre chose, comme celui du *Delphinium Ajacis,* que représenter la cinquième partie de l'ovaire symétrique des dicotylédones? Ne faudroit-il pas encore éloigner le *Ticorea* du *Galipea*, lacérer ce dernier genre, séparer plusieurs *Zanthoxylum* de leurs congénères, et rompre enfin les rapports les plus naturels? Il est bien clair par conséquent que des trois sections dont nous venons de nous occuper, il faut n'en faire qu'une seule dans laquelle la réunion des styles et des ovaires, et la hauteur relative du gynophore fourniront à peine des caractères génériques, mais qui se distinguera *par des feuilles généralement ponctuées, et par des fleurs régulières et sans soudures.*

Si, en apparence, je m'écarte ici du sentiment de M. de Candolle, c'est cependant ce savant illustre qui, dans la réalité, m'a mis sur la voie pour former la réunion dont j'ai démontré la nécessité; car il avoit déjà reconnu que ses *Rutacées proprement dites* se rapprochoient trop de ses *Diosmées* pour être indiquées comme une famille distincte, et, avec juste raison, il avoit jugé convenable de rétablir, pour la famille entière, le nom de *Rutacées*. Je vais plus loin, je l'avoue, que l'auteur du *Systema*; mais c'est en suivant la même ligne; et le *Nova Genera* prouve assez que le savant M. Kunth partage mon opinion (vol. VI, pag. 1 et suiv.) (1).

Quant aux *Cuspariées*, on ne sauroit disconvenir qu'il existe quelque intervalle entre ces *Rutacées* irrégulières et les autres *Rutacées*. Pour indiquer cet intervalle, on peut, je pense, adopter la tribu proposée par M. de Candolle, et la famille se trouveroit ainsi partagée en trois tribus diverses, les *Simaroubées*, les *Rutacées proprement dites*, et les *Cuspariées*.

---

(1) Il est clair aussi, d'après la manière dont s'exprime M. de Candolle, qu'il attachoit peu d'importance aux deux sections que je viens de passer en revue.

Toutes ces dernières n'ont pas à la vérité des pétales soudés (1); toutes n'offrent pas des avortemens dans leurs étamines (2); toutes n'ont pas une corolle inégale; mais des différentes espèces connues jusqu'à présent, il n'en est aucune qui ne présente l'une ou l'autre de ces anomalies, et ce sera là le véritable diagnostic de la tribu.

J'ai retrouvé dans dix espèces nouvelles que j'ai disséquées sur le frais, ce godet que M. de Candolle dit avoir été observé autour de l'ovaire des *Cuspariées* bien connues; et si ce caractère n'appartient pas exclusivement à cette tribu, puisqu'il se trouve dans mon *Evodia febrifuga*, mes genres *Almeidea*, *Spiranthera* et d'autres *Rutacées proprement dites*, on peut cependant, je crois, l'indiquer comme existant chez toutes les *Cuspariées*.

Celles que j'ai examinées offrent toutes un calice qui se détache de sa base en une seule pièce, et elles offrent encore des étamines à filets aplatis. Dans les dix espèces que je viens de citer (mes *Ticorea jasminiflora, Galipea heterophylla, pentagyna, pentandra, Candoliana, Fontanesiana, macrophylla*), et depuis dans le *Ticorea longiflora* Dec., j'ai constamment trouvé un ovaire 2-sperme où la position des ovules présente un caractère remarquable et assez rare, signalé pour la première fois par M. Richard dans quelques autres plantes: *l'ovule supérieur est ascendant et l'inférieur est suspendu.* Je sais qu'on a attribué un ovule unique au *Cusparé* qui n'est autre chose qu'un *Galipea;* mais cette indication même

(1) Ex. : *Galipea Candoliana* N.

(2) Ex. : *Ticorea longiflora* Dec.

tend à prouver que le double mode d'adnexion est général chez les *Cuspariées*, car, lorsqu'il a lieu, les ovules sont attachés à peu près bout à bout, les ombilics sont alors extrêmement rapprochés, et, au premier coup-d'œil, les deux ovules semblent n'en former qu'un seul.

M. de Candolle (Mém. Mus., vol. 9, p. 146) pense, d'après l'analyse que M. Richard avoit donnée du *Moniera* dans le *Synopsis* de Persoon, et d'après l'inspection trompeuse des graines encore imparfaites du *Ticorea pedicellata*, que les *Cuspariées* ont un périsperme grand et corné. Comme je l'ai déjà dit, je n'ai trouvé dans la semence du *Moniera* qu'une portion de périsperme si petite qu'elle mérite à peine d'être indiquée, et M. Charles Kunth, qui a décrit cette même semence avec une grande exactitude (Nov. Gen., vol. VI, p. 9), n'indique qu'un embryon nu sous le tégument propre. La radicule est courbée sur un des cotylédons; ceux-ci sont 2-partites; chez l'un d'entre eux les lobes sont appliqués l'un sur l'autre, et ce cotylédon est, avec la radicule, entièrement enveloppé par le second. Il est clair que M. Richard aura pris, comme cela m'est d'abord arrivé à moi-même, les deux lobes du cotylédon intérieur pour deux cotylédons distincts, et le cotylédon extérieur pour un périsperme: exemple qui met l'observateur en droit de réclamer quelque indulgence, puisque l'homme qui peut-être a poussé le plus loin l'analyse botanique, n'a pas toujours été exempt d'erreurs. Dans mon *Galipea Fontanesiana* je n'ai pas trouvé la plus légère apparence de périsperme. Les cotylédons sont entiers, fort grands, chiffonnés, prolongés chacun en deux oreillettes qui descendent au-dessous du collet, et l'un des deux enveloppe l'autre. La radicule courte, obtuse, cylindrique, se replie sur le milieu du cotylédon intérieur; elle est enveloppée avec lui par le cotylédon extérieur et aboutit à l'ombilic. Les *Cuspariées* peuvent donc encore se caractériser par l'*absence du périsperme.* Je retrouve à la vérité la même absence dans les *Simaroubées* et le *Pilocarpus;* mais l'embryon est droit chez ces dernières plantes, et par conséquent celui des *Cuspariées* est bien distingué du leur, puisqu'il offre avec *deux cotylédons chiffonnés, dont l'un enveloppe l'autre, une radicule recourbée sur le milieu de l'un d'eux.*

Si je disois à présent qu'il existe des *Rutacées*, mes *Almeidea rubra, lilacina* et *longifolia*, où le calice se détache en une seule pièce, dont les filets sont aplatis, qui ont autour de l'ovaire un godet cupuliforme, où chaque loge contient deux ovules, l'un suspendu, l'autre ascendant; si je disois que l'endocarpe, membraneux vers l'ombilic de la graine, et ailleurs crustacé, se détache dans sa partie membraneuse pour rester adhérent à l'ombilic, et y former, comme chez le *Moniera*, un faux arille scutelliforme; si je disois que ces plantes n'ont point de périsperme, que leurs cotylédons sont grands et chiffonnés, que l'un embrasse l'autre, et que la radicule, courbée sur le cotylédon intérieur, se dirige vers l'ombilic; il n'est personne assurément qui, entendant ces détails, n'assurât que les plantes dont il s'agit sont des *Cuspariées*. Cependant si j'ajoute qu'elles n'offrent ni irrégularité, ni soudure, ni avortement, elles cesseront d'être des *Cuspariées*, elles deviendront des *Rutacées proprement dites.* Les *Almeidea* forment, dans la réalité, le passage des unes aux autres, ils comblent presque l'intervalle qui se trouve entre les deux tribus; mais quoiqu'en même temps ils aient plus de rapports avec les *Cuspariées* qu'avec les *Rutacées proprement dites*, c'est parmi celles-ci qu'il faudra les ranger, et cela parce qu'ils n'ont pas un pétale un peu plus long que les autres, ou parce que la corolle n'offre pas à sa base une légère soudure. Que l'on juge actuellement de telles divisions! Et cependant il en est une multitude qui ne sont pas fondées sur des bases plus solides; mais si la nature de notre intelligence exige que nous les conservions, reconnoissons du moins qu'on ne doit y attacher qu'une bien foible importance, qu'elles sont l'ouvrage de l'art, et que ce n'est point là ce qui constitue réellement la science, mais bien la connoissance des faits et celle des rapports.

Quoi qu'il en soit, à présent que nous connoissons dans les plus grands détails la tribu des *Cuspariées*, qu'il me soit permis de montrer combien elle rattache aux *Rutacées* une famille qui pourtant s'en trouvoit assez éloignée dans le *Genera* de Jussieu. Comme dans les *Cuspariées*, on observe chez les *Geraniées* une tendance remarquable à s'éloigner d'un type régulier; dans les deux groupes une partie des étamines est sujette à avorter; les ovaires deviennent également des coques; l'embryon est sans aucun périsperme; la radicule, également supérieure, se recourbe sur un des cotylédons.

Ces rapports, au reste, semblent n'avoir pas entièrement échappé à M. de Candolle, car il dit qu'il faut mettre les *Oxalidées* auprès des *Zygophyllées*, et celles-ci, de l'aveu de tous les botanistes, ne peuvent être éloignées de la famille des *Rutacées*.

On ne peut nier que la forme de la fleur n'établisse aussi quelque rapport entre les *Cuspariées* et les *Méliacées*, comme l'avoient pensé et Jussieu et Richard. Il seroit facile de prouver encore que les *Rutacées* en général et les *Cuspariées* en particulier, ont également quelques affinités avec les *Orangers*, et ces dernières n'ont pas échappé aux hommes les plus étrangers à la botanique, car les habitans du Brésil donnent tout à la fois le nom de *Laranjeira brava* (oranger sauvage) à mon *Zanthoxylum monogynum*, au *Ticorea febrifuga* et à mon *Evodia febrifuga*.

Peut-être, en voulant prouver qu'il n'existoit point de gynobase chez les *Simaroubées*, me suis-je quelquefois bien éloigné de mon sujet; mais ceux qui savent combien sont insensibles les nuances qui lient les végétaux entre eux, sentiront qu'il est souvent presque impossible de parler d'un groupe de plantes sans entrer dans quelques détails sur ceux qui l'avoisinent.

§ III.

Des Malvacées.

M. de Candolle a dit que le gynobase existoit chez quelques *Malvacées*; mais il considéroit comme tel le *tubercule central* qui, dans le genre *Mauve*, se trouve au-dessous du style. (*Mem. Och. in Ann. Mus.* vol. 17, pag. 402.) L'auteur de la *Théorie* a prouvé par là qu'il avoit la plus juste idée de la nature du gynobase, car le tubercule dont il s'agit est un axe central comme ce dernier; mais le gynobase doit être un axe déprimé, et le tubercule des *Mauves* est un axe vertical, quoique, par sa brièveté, il se nuance réellement avec le gynobase.

Sans aucune métaphore, il est cependant incontestable que,

dans les *Malvacées*, il existe des plantes à ovaire gynobasique, car j'en ai trouvé des exemples. Dans un genre de *Malvacées*, dont j'ai recueilli deux espèces, et qui, avec un double calice à cinq divisions, présente cinq pétales entiers, un androphore chargé d'étamines dans toute sa longueur et enfin dix stigmates, j'ai observé un ovaire à cinq loges parfaitement distinctes, insérées obliquement par leur base sur un réceptacle court et conique; et ce n'est point sur les lobes, mais sur le réceptacle même, qu'est inséré le style. Il est bien évident qu'ici le réceptacle est un véritable gynobase, puisque c'est par lui que doivent passer les vaisseaux spermatiques et nourriciers pour arriver à l'ovule, et, ce qu'il y a de fort remarquable, c'est que ce dernier est dressé et en même temps, comme chez les *Ochnacées*, aussi rapproché que possible de la paroi voisine du style, position qui le met plus facilement en rapport avec cet organe. C'est cette même position de l'ovule, différente dans les autres *Malvacées* à ovaires 1-sp., qui, jointe à l'existence du gynobase, me fait proposer mes plantes comme genre particulier, sous le nom de *Coricarpus*, quoique, dans la réalité, elles aient beaucoup de rapport avec l'*Urena* de Linné et le genre *Lebretonia* de Schrank qui diffère à peine de l'*Urena*.

Ce qu'il y a de remarquable, c'est qu'on trouve tout à la fois chez les *Malvacées* des plantes à ovaire gynobasique, comme je viens de le dire, et d'autres où des ovaires distincts sont comme dans les *Simaroubées* portés sur un gynophore. En effet, dans un *Helicteres* étudié sur le frais, j'ai trouvé cinq ovaires tordus, sans columelle centrale et surmontés par cinq styles soudés ensemble.

§ IV.

Des Sapindacées.

Lorsque les auteurs ont décrit le *Schmidelia*, genre de la famille des *Sapindacées*, ils lui ont attribué un ovaire didyme. C'étoit déjà s'approcher de la vérité; mais cet ovaire n'est pas seulement didyme, comme je m'en suis assuré par l'examen de deux espèces de la Flore du Brésil, et en particulier du *Schmidelia Guaranitica*. Les lobes de leur jeune fruit, au nombre de deux ou quelquefois de trois, sont parfaitement distincts et accolés par leur base au réceptacle central. Le style interposé entre les deux lobes, porté sur le même réceptacle; il ne peut communiquer avec les lobes que par le moyen de ce réceptacle, et par conséquent il faut considérer celui-ci comme un gynophore gynobasique.

On pourroit dire, je le sais, que puisque les deux loges de l'ovaire sont ici accolées latéralement à un réceptacle surmonté du style, il doit exister entre les deux loges un corps vertical; mais ce corps est tellement court qu'il peut réellement porter le nom de gynobase plutôt que d'axe central, et le doute même prouve l'identité de l'axe vertical et du gynobase.

§ V.

Des Malpighiées.

Dans une famille voisine des *Sapindacées*, celle des *Malpighiées*, je retrouve également des ovaires gynobasiques. Déjà en décrivant son genre *Gaudichaudia*, M. Kunth (Nov. gen. vol. v, p. 156) avoit dit que ce genre se distinguoit par trois ovaires et un seul style. C'étoit assez indiquer la présence du gynobase, car trois ovaires sont des corps parfaitement distincts, et, en parlant des *Labiées*, famille où il existe aussi un gynobase, plusieurs auteurs ont dit qu'elle avoit un seul style avec quatre ovaires. Le gynobase se retrouve effectivement dans le genre *Gaudichaudia*, car chez une espèce nouvelle que j'ai recueillie dans les missions de l'Uruguay (*G. Guaranitica*), j'ai vu trois loges rapprochées mais parfaitement distinctes, placées sur un réceptacle commun, et un style unique inséré sur le même réceptacle. Or, ce réceptacle sert tout à la fois à la transmission de l'*aura seminalis* et des sucs nourriciers; donc il doit être considéré comme un véritable gynobase.

Les *Gaudichaudia* ne sont pas au reste les seules *Malpighiées* à ovaire gynobasique. J'ai retrouvé ce genre d'ovaire dans les cinq espèces nouvelles qui constituent le joli genre *Camarea* (les *Camarea hirsuta, sericea, axillaris, linearifolia* et *ericoïdes*), et enfin dans mon genre *Fimbriaria* où le réceptacle est un peu conique.

Mais ce n'est pas sans aucune transition que l'ovaire gynobasique se montre dans les *Malpighiées* où généralement les pistils sont organisés de la manière ordinaire. Dans une espèce à trois ovaires et à trois styles, j'ai vu les premiers plongés dans le réceptacle par leur partie inférieure, et c'est tout-à-fait à la base de leur partie libre qu'est inséré le style. Il y a déjà ici quelque chose qui rappelle l'ovaire gynobasique, et il est bien mieux ébauché encore dans une espèce qu'il me paroît fort difficile de séparer des *Gaudichaudia* (le *G. linearifolia*). Il y existe à la vérité, un seul style et trois lobes, mais il m'a paru que ceux-ci n'étoient point parfaitement distincts, ni le style inséré sur un corps indépendant d'eux.

CONCLUSION.

Les observations que renferment ce mémoire me semblent démontrer que si cette modification de l'axe central qu'on appelle *gynobase*, n'est pas sans valeur dans la famille des *Ochnacées*, où elle paroît générale, elle n'a cependant pas en elle-même une grande importance. En effet, dans ces mêmes *Ochnacées*, un léger degré d'affoiblissement accidentel, suffit pour la faire disparoître; nous ne la voyons plus dans les familles qui ont le plus d'affinité avec les *Ochnacées*, telles que les *Simaroubées*, les *Zygophyllées*, les *Rutacées*; ensuite nous la retrouvons éparse dans des groupes fort éloignés, les *Sapindacées* et les *Malpighiées*; et enfin dans un mme genre, le *Gaudichaudia*, nous sommes forcés d'admettre des espèces où elle est évidente, une autre où son existence paroît douteuse, et une troisième où elle n'existe certainement pas (le *G. sericea* N.).

D'après tout ceci, il est clair que si l'on veut, comme l'a fait M. de Candolle, partager les dicotylédones polypétales à étamines hypogynes en diverses cohortes, il ne faudroit point en fonder une sur l'ovaire gynobasique, car on n'y pourroit placer qu'une seule famille entière, et ensuite on seroit obligé de faire entrer dans cette même cohorte des espèces parsemées dans d'autres groupes.

Si l'avantage que j'ai eu de disséquer vivantes les plantes qui font l'objet de ce mémoire, m'a permis d'ajouter quelques faits nouveaux à ceux qu'avoit recueillis l'auteur du

Systema, je dois me féliciter en même temps de m'être si souvent rencontré avec lui : je ne saurois avoir un garant plus certain de l'exactitude de mon travail.

Descriptions.

1. Gomphia oleæfolia. † Tab. IX.

Foliis oblongo-lanceolatis, obtusiusculis, integerrimis, margine revolutis, pubescentibus; floribus paniculatis; petalis calyce paulò longioribus.

(1) Frutex sesqui-quadripedalis, erectus; ramis pubescentibus; cortice cinereo. Folia circiter 2-pol. longa, brevissimè petiolata, coriacea, oblongo-lanceolata, obtusiuscula, margine revoluta, suprà canaliculata, pubescentia; nervo medio utrinquè proeminente : petioli circiter 2 l. longi, incrassati, subcomplanati, rugosi, pubescentes. Stipulæ subulatæ, caducæ, pubescentes. Panicula terminalis, pubescens. Calyx 5-phyllus, pubescens, ex viridi luteus; foliolis ovato-lanceolatis, obtusiusculis, substriatis. Petala 5, ovata, obtusa, basi in unguem attenuata, glabra, lutea. Antheræ 10, rarissimè 5, subsessiles, lineari-subulatæ, 4-gonæ, transversìm rugosæ, glabræ, 2 loc., apice 2-porosæ : filamenta brevissima, persistentia. Gynobasis columnæformis, 5-gona, glabra. Stylus glaber, subulatus, summæ gynobasi insidens, coccis interpositus. Stigma terminale, vix manifestum. Ovarium 5-coccum; coccis distinctis, circa stylum ibidem insitis, ovatis, glabris, 1 loc., 1-spermis.

Var. β. monstrosa; corymbis terminalibus, bracteatis; bracteis

---

(1) Lorsqu'on ne fait précéder les descriptions d'espèces, ni de celle du genre, ni de celle de la famille, il est nécessaire d'exprimer tous les caractères sans exception; mais je crois que l'on peut omettre les caractères génériques dans les descriptions spécifiques, lorsqu'on a commencé par détailler ces caractères à part. C'est à peu près la marche que j'ai suivie ici.

Blanchard del.

TAB: IX.

GOMPHIA OLEÆFOLIA.

imbricatis, ovatis, acutis, strictis, pubescentibus, in axillis gemmam florulamve foventibus; ovario profundè diviso, nec 5-cocco : lobis axi centrali erecto nec gynobasi affixis.

Frequens in dumetis vulgò *carascos*, passìm propè pagum *S. Joao*, in parte boreali provinciæ *Minas-Geraes* quæ dicitur *Minas-Novas*. Floret Maio.

Obs. I. On attribue généralement aux *Gomphia* un calice 5-partite : dans toutes les espèces que j'ai examinées sur le frais, je l'ai trouvé divisé en 5 folioles parfaitement distinctes.

Obs. II. Comme M. Kunth l'a très-bien fait observer, il n'existe dans les *Gomphia* aucun nectaire. Les 10 tubercules que l'on pourrait prendre pour tels, après la chute de la corolle, ne sont autre chose que les filets très-courts et persistans.

Obs. III. Il est assez évident que l'on ne pourrait, sans confusion, appeler des *lobes* les divisions de l'ovaire gynobasique. Je me sers du nom de *coques*, quoique je sache très-bien qu'il n'a été communément appliqué qu'à des fruits mûrs ou à des portions de fruits mûrs; mais comme M. Kunth l'a également consacré pour les portions de l'ovaire gynobasique, j'aime mieux suivre son exemple qu'imaginer une expression nouvelle.

Obs. IV. On a pu voir dans le corps de mon mémoire qu'il n'y a de réellement gynobasique que le sommet de la colonne qui porte le pistil du *Gomphia*. Pour être rigoureusement exact, il aurait donc fallu désigner cette colonne par le nom de *gynophore gynobasique*. Mais ayant fait connaître son organisation avec détail, j'ai cru pouvoir éviter ces expressions barbares et me servir simplement du mot *gynobasis* qui, modifié surtout par l'épithète *columnæformis*, indique clairement l'existence du gynophore et du gynobase.

SIMABA. Kunth. (Carac. ref.)

Simaba et Aruba. Aub. Juss. — Zwingera. Schreb. (1)

Flores hermaphroditi. Calyx parvus, cupulæformis, 5-partitus

(1) Je cite ici le synonyme de Schreber pour me conformer à l'usage; mais je crois qu'il seroit mieux de regarder comme non avenues ces substitutions de noms qui n'ont aucune observation pour fondement, et qui, purement arbitraires, ne peuvent que nuire à la science.

vel 5-fidus aut 5-dentatus. Corolla 5-petala, aperta, hypogyna, gynophoro circumposita; petalis basi latis, calyce multotiès longioribus. Stamina 10, ibidem inserta, inclusa, 5 petalis opposita : filamenta subulata glabraque in squamam villosam intùs dilatata : antheræ 2-loculares, basi 2-fidæ, longitrorsùm dehiscentes. Styli 5, in unum mox coaliti. Stigmata 5, brevia, completa. Ovaria 5, summo gynophoro insidentia columnæformi, distinctissima, approximata, dorso convexa, lateribus plana, 1-locularia, 1-sperma: ovulum paulò infra stylum angulo interno suspensum. Capsulæ seu coccæ 5 (ex Kunth). Pars quinta quandoque supprimitur ex Aub. et Kunth, vel sexta additur ex Aubletio.

Arbores seu frutices, cortice amaro. Folia exstipulata, alterna, cum impari vel rariùs abruptè pinnata, quandoquè ternata, vel rarissimè simplicia; foliolis integerrimis, sæpiùs coriaceis. Rachis et Petiolus apteri. Flores terminales, racemosi vel paniculati, rarissimè axillares subcorymbosi, albidi vel virescentes; pedicellis bracteolatis.

Obs. Le *Simaba* est très-voisin du *Simarouba*, et n'en diffère absolument que par ses fleurs constamment hermaphrodites, son port et les folioles de ses feuilles qui sont opposées. Les auteurs ont voulu distinguer ces genres, en disant que les étamines du *Simaba* n'avaient point d'écailles comme celles du *Simarouba*; mais déjà la description d'Aublet fait soupçonner la présence de l'écaille dans le *Simaba Guyanensis*, type du genre, et ce même écrivain décrit et figure l'écaille dans son *Aruba*, qui n'est autre chose que ce même *Simaba*; Kunth l'indique dans le *Simaba Orinocensis*, et enfin je la retrouve dans les 4 espèces dont je donne la description. Le *Quasia* qui doit être conservé diffère du *Simaba* par sa corolle fermée et ses étamines sortantes.

2. Simaba floribunda. † Tab. X.

S. frutescens; foliis cum impari-pinnatis; foliolis lanceolato-ellipticis, oblongis, obtusiusculis, glabris; paniculâ magnâ, compositâ.

Frutex 10-pedalis; caule gracili. Folia petiolata, cum petiolo 12-18 pol. longa; foliola 2-5 pol. longa, opposita vel subopposita,

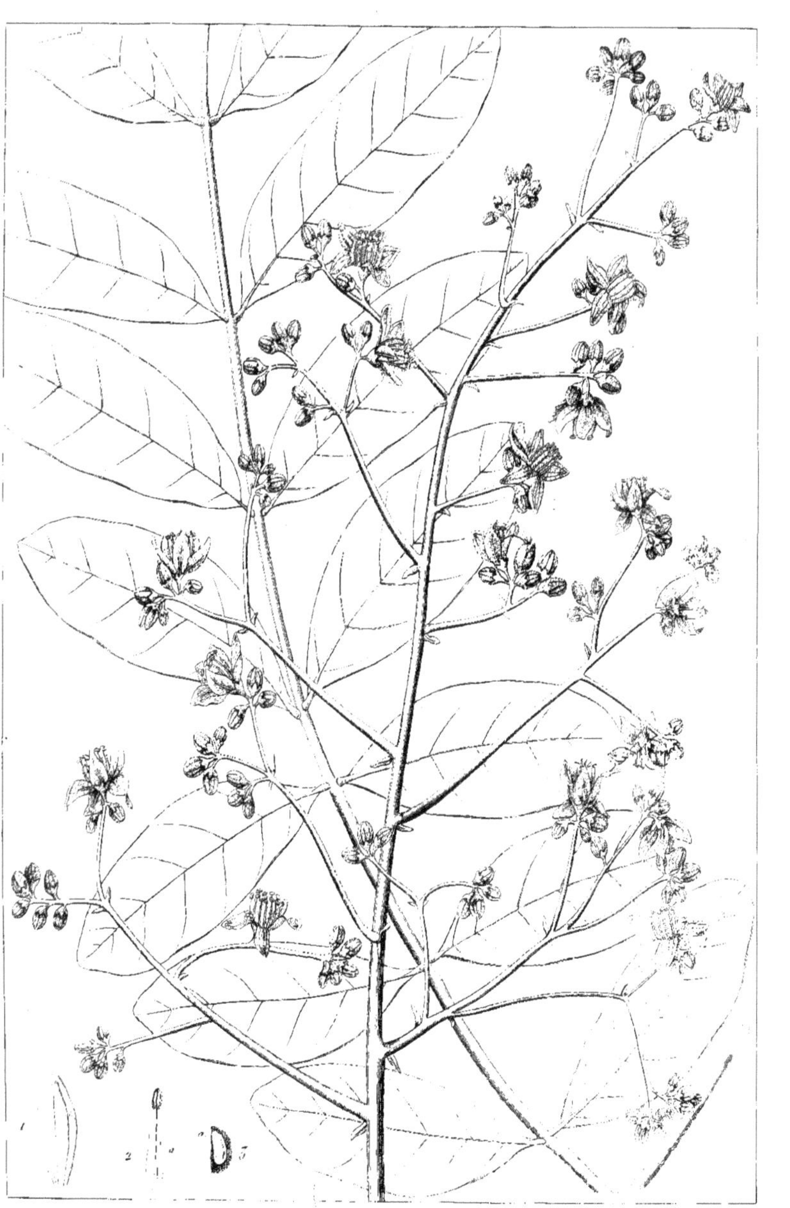

SIMABA FLORIBUNDA. Tab. X.

subdistantia, lanceolato-elliptica, oblonga, obtusiuscula, margine subrevoluta, basi attenuata, coriacea, lucida, subavenia; nervo medio subtùs proeminente. Panicula terminalis, magna, pubescens; ramis patentibus, bracteolâ spathulatâ basi stipatis. Flores in apice ramulorum glomerati, subsessiles, bracteolati. Calyx parvus, cupulæformis, 5-fidus, pubescens. Petala 5, ovata, villosa, viridia. Stamina 10 : filamenta subulata, glabra, in squamam dilatata multò latiorem, linearem, truncatam, villosissimam : antheræ rotundo-ellipticæ, glabræ. Ovaria 5 distinctissima, villosissima, conico-3-gona, dorso convexa, lateribus planiuscula, gynophoro insidentia 2 l. alto, conico, apice truncato, pilis rufescentibus numerosissimis obtecto, succo aurantiaco turgido. Styli 5, in unum mox coaliti minimum, glabrum. Stigmata 5.

Cortex foliaque sapore valdè amaro. Flores odore mellis. Tempore sicco, decidunt folia quotannis, floribusque se induit arbuscula, nova antequam folia proferat.

Nascitur in locis siccis propè urbem *Villa-do-Fanado* in *Minas-novas*. Floret Junio.

3. Simaba ferruginea. †

S. frutescens; foliis cum impari-pinnatis; foliolis ellipticis, pubescentibus, subtùs nervosis; panicula terminali, compositâ, subsessili, folio breviore.

Caules plures, ½-2 pedales, ascendentes (an semper?); cortice valdè amaro; ramulis ferrugineis, pubescentibus. Folia cum impari pinnata, 2-3 juga, petiolata, cum petiolo pubescente subtùsque præcipuè ferrugineo 5-7 pol. longa : foliola opposita, elliptica, obtusissima, quandoque subretusa, margine subrevoluta, pubescentia, subtùs nervosa; nervo intermedio ferrugineo. Panicula terminalis, composita, subsessilis, folio brevior, pubescens; rachi ramisque angulatis, dilutè ferrugineis, versus apicem pallidioribus. Flores in apice ramulorum paniculæ conferti, breviter pedicellati; pedicellis bracteolatis. CALYX parvus, 5-partitus, tomentosus, rufescens; laciniis ovatis, obtusis. PETALA 5, linearia, obtusiuscula, tomentosa, viridia. STAMINA 10 : filamenta subulata, glabra, in squamam dilatata linearem, truncatam, lanatam : antheræ ellipticæ, glabræ, rubræ. STYLI 5, in unum glabrum, subulatum moxcoaliti. STIGMATA 5, minutissima, vix manifesta. OVARIA 5, ovato-3-gona, lanata, gynophoro insidentia cylindrico, 10-costato, hirsuto, coccineo.

Flores reddunt mellis odorem.

Inveni in campis intersitis arboribus retortis, vulgòque dictis *Taboleiros cobertos*, in deserto occidentali (*Certao*) provinciæ *Minas-geraes* propè prædium *Macauba*. Florebat Septembre.

4. SIMABA SUAVEOLENS. † Tab. XI, A.

S. foliis abruptè pinnatis, superioribus ternatis aut simplicibus; foliolis ellipticis vel subrotundo-ellipticis, glabris; floribus terminalibus, racemosis; racemis compositis.

RAMULI cinerei, 4-goni, pubescentes. FOLIA abruptè pinnata; superiora ternata vel simplicia; foliolis oppositis vel suboppositis, breviter petiolatis, 1 $\frac{1}{2}$-5 pol. longis, ellipticis vel subrotundo-ellipticis, obtusissimis, margine revolutis, coriaceis, glabris. RACEMI compositi, terminales, breviter pedunculati, circiter 5 pol. longi, laxiusculi, pubescentes; pedicellis bracteolatis. CALYX parvus, pubescens; laciniis ovatis, obtusis. PETALA 5, hypogyna, patentia, lineari-lanceolata, basi lata, obtusa, pubescentia, punctis glandulosis conspersa, alba. STAMINA 10, interdùm 8 : filamenta glabra, subulata, squamâ membranaceâ instructa sublineari, apice emarginatâ, villosâ; pilis invicem intertextis, et indè stamina sub-1-adelpha : antheræ ellipticæ. STYLI 5, in unum mox coaliti basi pubescentem. STIGMATA 5, parva, cylindrica, obtusa, completa. OVARIA 5, gynophoro columnæformi, sulcato, crasso, apice submarginante, villoso, aurantiaco insidentia, basi forsan angulo interiore subcoalita, villosa : ovulum ovatum.

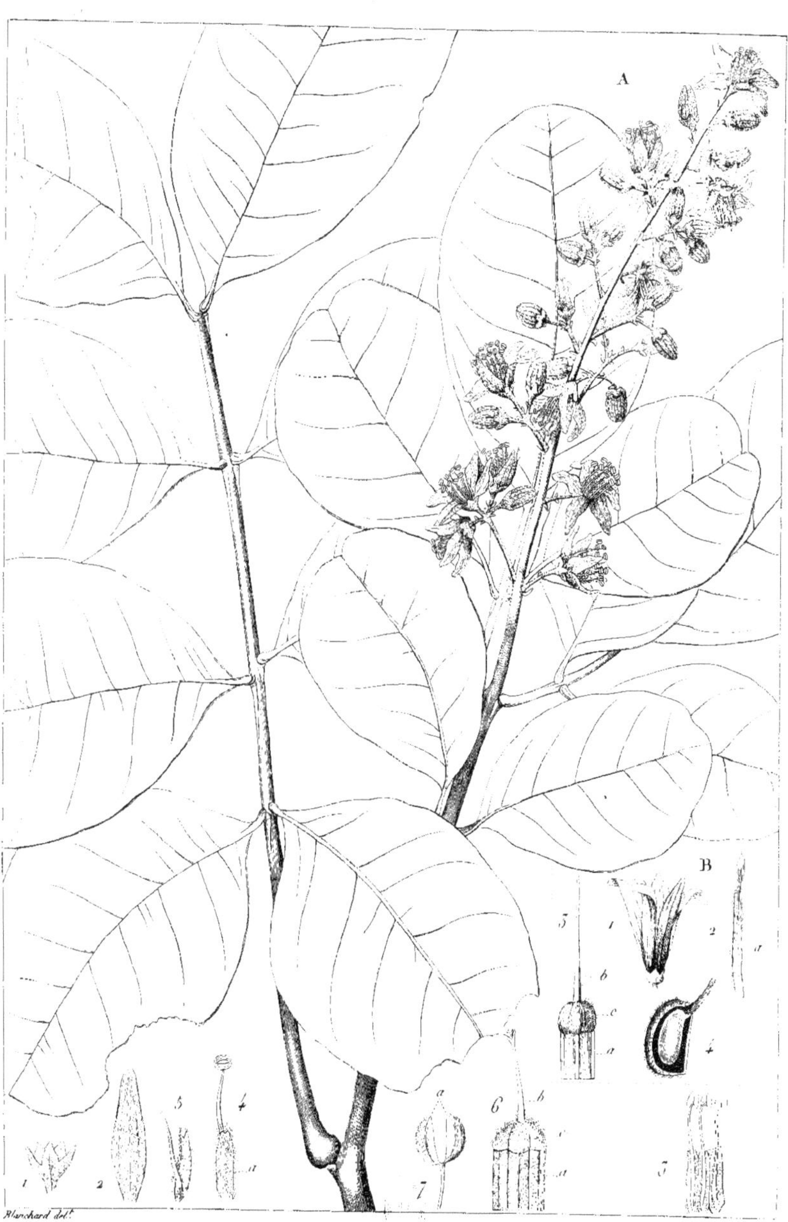

A. *SMIABA SUAVEOLENS*. B. *S.— TRICHILIOÏDES*. *Tab. XI.*

Flores suavissimum mellis reddunt odorem.

Nascitur in sylvis primævis montis dicti *Piriquito* propè *Itabira-de-mato-dentro* (provinciâ *Minas-Geraes*). Floret Martio.

5. Simaba trichiloides. † Tab. XI, B.

Frutescens; foliis cum impari vel abruptè pinnatis; foliolis ellipticis, obtusissimis, apice mucronulatis, nervosis, suprà pubescentibus, subtùs subtomentosis; panicula subsimplici, folio multò majore.

Frutex caule sæpiùs simplici; facie Trichiliæ. Folia petiolata, cum impari vel abruptè pinnata, 3 vel sæpiùs 4-juga, cum petiolo pubescente 12-15 pol. longa : foliola opposita vel subopposita, circiter 3 pol. longa, elliptica, obtusissima, basi attenuata, coriacea, margine revoluta, nervosa, suprà pubescentia, subtùs subtomentosa, mucronulata; mucrone crasso, obtuso. Panicula subsimplex, 2-pedalis et ultrà, tomentosa, rufa; ramis distantibus, ascendentibus, infernè nudis, bracteâ parvâ, concavâ stipatis. Flores glomerati, breviter pedunculati, circiter 12-15 l. longi. Calyx cupulæformis, 5-dentatus, tomentosus, rufus. Petala 5, hypogyna, linearia, obtusa, basi lata, sericeo-villosa, virescentia. Stamina 10, in tubum longum approximata : filamenta apice glabra, teretiaque in squamam dilatata linearem, angustatam, truncatam, villosam : antheræ lineares, glabræ. Styli 5, in unum mox coaliti subulatum, basi tomentosum. Ovaria 5, villosissima, gynophoro insidentia longiore, villosissimo.

Inveni in campis occidentalibus provinciæ *Minas-geraes* ad prædium vulgò dictum *Guardamor* propè urbem *Paracatù*. Florebat Maio.

GALIPEA. (Carac. ref.)

Galipea et Raputia Aub. Juss. — Cusparia Humb. — Galipea et Bonplandia Wild. Rich. — Galipea et Angostura Rœm. et Schult.

— Conchocarpus Mikan. — Galipea, Cusparia et Raputia Dec. — Obentonia Velloso Fl. Flum. Mss.

Calyx brevis, cupulæformis seu turbinato-campanulatus, 5-dentatus seu 5-fidus, sæpiùs 5-gonus. Petala 5, rarissimè 4, hypogyna, linearia, subinæqualia, apice patentia, villosa seu pubescentia, inferiùs coalita seu adglutinata, vel rariùs conniventia in tubum sæpiùs 5-gonum, corollamque monopetalam campanulatam referentia. Stamina sæpiùs 5, rarò 6, 7, 8 s. 4, petalis plùs minùsve adhærentia vel adglutinata, quandoque omnia fertilia, sæpiùs 2-4 castrata : filamenta sæpiùs complanata barbataque : antheræ lineares, 2-loculares, oblongæ, longitrorsùm internè dehiscentes. Nectarium cupulæforme, glabrum, ovaria cingens. Ovaria 5, rarissimè 4, 3-gona, sæpè gynophoro brevissimo interposito basi hinc affixa, omninò libera vel angulo centrali plùs minùsve cohærentia, 1-locularia, 2-sperma : ovulum superiùs ascendens, inferiùs suspensum, utrumque angulo interno affixum. Styli 5, rarò planè distincti aut omninò coaliti, sæpiùs basi liberi, moxque in unum coaliti. Stigmata 5, completa, vel rariùs unum 5-partitum. Cocca 1-2, cæteris abortivis, angulo centrali 2-valvia; endocarpio crustaceo, separabili, itemque 2-valvi. Semen abortione unicum. Integumentum coriaceum; umbilicus marginalis. Perispermum nullum. Embryo curvatus : cotyledones magnæ, corrugatæ, infrà collum 2-auriculatæ, unâ exteriore alterum involvente valdè corrugatum; radiculæ auriculis longitudine : radicula brevis, teres, obtusa, in cotyledonem interiorem medium incurva, cum eàdem involuta, umbilicumque attingens. (Fructum in G. heterophyllâ et G. Fontanesianâ, semen in G. Fontanesianâ observavi.)

Frutices vel rariùs arbores. Folia exstipulata, alterna, punctato-pellucida, rarissimè punctis glandulosis exterioribus conspersa, ternata, rariùs quaternata seu quinata, sæpè simplicia, petiolo tunc infrà apicem incrassato-geniculato. Flores axillares vel extrà axillares rariùsve terminales, sæpiùs racemosi, rarissimè corymbosi vel paniculati. Præfloratio quincuncialis (Dec.).

TAB. XII.

GALIPEA HETÉROPHYLLA.

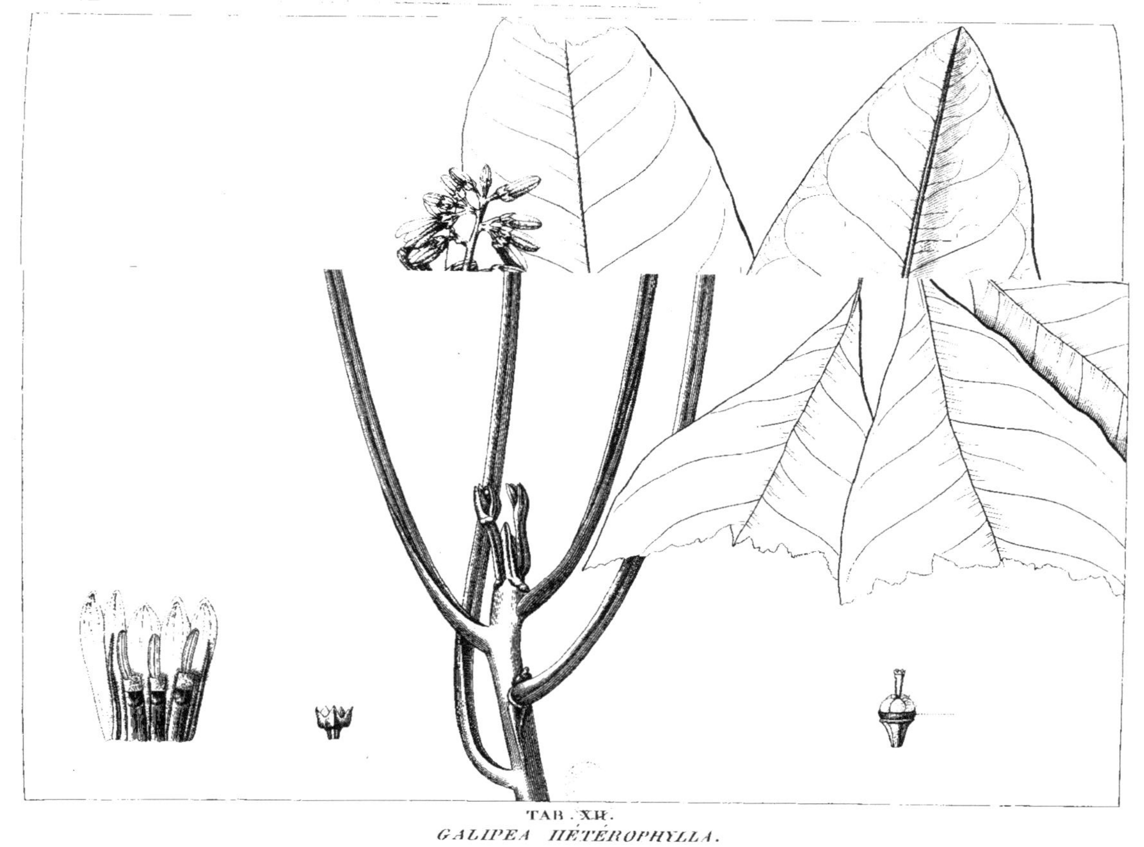

TAB. XII.
GALIPEA HETEROPHYLLA.

6. Galipea heterophylla. † Tab. XII.

G. foliis ternatis quinatisve seu quaternatis, longè petiolatis; foliolis lanceolatis, nervo medio subpubescente; racemis supràaxillaribus, longè pedunculatis; staminibus 2 sterilibus.

Frutex 4-5 pedalis; caule erecto, crassitudine digiti, sæpiùs simplici, apice pilis rufis obtecto. Folia ad caulis apicem approximata, longè petiolata, ternata, quaternatave seu quinata : petiolus communis 6-14 pol. longus, subtùs convexus, suprà canaliculatus, pubescens : foliola petiolata, inæqualia, lanceolato-elliptica, integerrima, 3-8 pol. longa, apice acuta, basi acuminata; nervo intermedio subpubescente; venis lateralibus parallelis, rufo-tomentosis. Racemi supràaxillares, pedunculati, compositi ex ramulis brevibus, villosis, 5-9 floris : pedunculus 10 pol. longus, 3-angularis, pubescens, hinc subcanaliculatus. Flores in ramulis congesti, breviter pedicellati : pedicellus 5-angularis, villosus, apice incrassatus, vix bracteolatus. Calyx cupulæformis, profundè 5-dentatus, 5-gonus, villosus, albus; dentibus sphacelatis. Petala 5, vix coalita, inæqualia, linearia, vix spathulata, obtusa. Stamina 5 : sterilia 2; filamentis longis, subulatis, infra apicem barbatis : fertilia 3; filamentis latioribus, inæqualibus, complanatis, linearibus, apice barbato truncatis, infra barbulam concavis; antheris linearibus, ellipticis, pubescentibus. Nectarium 5-gonum. Ovaria 5, villosissima, apice coalita. Stylus unicus, longiusculus, gracilis, glaber, rariùs brevis. Stigma 5-dentatum. Cocca abortione 1-2, subrotunda, compressiuscula, villosa, hinc 2-valvia.

Inveni in sylvis primævis provinciæ *Rio-de-Janeiro* propè pagum *S. Joao-da-Barra*. Florebat Augusto.

7. Galipea pentagyna. † Tab. XIV, A.

G. foliis simplicibus, longis, lanceolatis, acutissimis, glaberrimis; racemis in apice ramulorum axillaribus vel subextràaxillaribus, compositis; pedunculis complanatis; staminibus 3 sterilibus; stylis distinctissimis.

CAULIS 4-5 pedalis, crassitudine digiti, simplex seu vix racemosus. FOLIA superiora simplicia, 5-15 pol. longa, lanceolata, acutissima, in petiolum attenuata, integerrima, coriacea, glaberrima, obscurè viridia; nervo medio subtùs valdè proeminente; nervulis parallelis. RACEMI in apice ramulorum axillares, vel subextràaxillares, simulque paniculam terminalem sæpè subsimulantes, 4-8 pol. longi, erecto-ascendentes, pedunculati, compositi ex ramulis subbrevibus, distantibus, divisis, plurifloris, patentissimis, medio bracteatis : pedunculus rachisque complanati, striati, glabri : bractea linearis, subulata. FLORES pedicellati; pedicello basi bracteolato. CALYX brevis, campanulatus, 5-dentatus, crassiusculus, punctato-pellucidus, albus; dentibus distantibus, vix pubescentibus. PETALA 5, subinæqualia, lineari-spatulata, acutiuscula, pubescentia, alba, supernè revoluta, in tubum 5-gonum usquè ad medium coalita. FILAMENTA complanata, concava, barbata, inæqualia : 3 sterilia in apicem subulatum pubescentem desinentia : fertilia 2 latiora, truncata; antherà pubescente. NECTARIUM crenulatum, ovario paulò brevius. STYLI 5, distinctissimi, breves, subulati, recurvi, pubescentes. STIGMATA 5, linearia, ad faciem stylorum. OVARIA 5, gynophoro brevissimo, conico, interposito basi hinc affixa, summo apice cohærentia, villosissima, dorso convexa, lateribus plana.

Folia odore citri.

Inveni in sylvis primævis provinciæ *Rio-de-Janeiro* propè villam *Macahè*. Florebat Augusto.

8. GALIPEA MACROPHYLLA.

Conchocarpus macrophyllus. Mik. Delect. Bras. 1. tab. 11.

G. foliis simplicibus, longis, lineari-ellipticis; racemis extràaxillaribus, multotiès interruptis; staminibus 5-6 sterilibus.

CAULIS frutescens, ad summum 6-pedalis, simplex, crassitudine digiti. Folia in apice caulis conferta, alterna, petiolata, ferè 1 ped. longa, 2-3 pol. lata, lineari-elliptica, utrinquè attenuata, obtusiuscula, punctis glandulosis nigrescentibus fulvisve exterioribus conspersa, nec pellucido-punctata, subcoriacea, glabra, nervo medio subtùs valdè procminente: petiolus teres, 5-6 pol. longus, apice incrassato-geniculatus, glaber, atropurpureus, crassitudine corvi pennæ. Racemi extràaxillares, pedunculati, cum pedunculo 1-2-pedales et ampliùs: pedunculus teres, glaber, atropurpureus: rachis compressa, glabra, atropurpurea. Flores in ramulis valdè abbreviatis glomerati, bracteis intermixti, pedicellati: glomeruli inferiores valdè distantes, omnes bracteis 3 stipati; intermediâ multo majore, 5-10 l. longâ, lineari, glabrâ, utrinquè attenuatâ, acutâ, punctis glandulosis nigrescentibus ferrugineisque conspersâ. Calyx turbinato-campanulatus, sub 5-gonus, inæqualiter 5-dentatus; dentibus minimis distantibus; obtectus farinâ nigrescente seu ferrugineâ. Petala 5, hypogyna, inæqualia, lineari-lanceolata, basi lata, in tubum longiusculum infernè coalita, apice obliquè patula, corollam 2-labiatam ferè mentientia, pubescentia, punctis fulvis conspersa, subcarnea. Stamina 7-8, petalis infernè adhærentia, submonadelpha: sterilia 5-6, exserta; filamentis inæqualibus, basi glabrâ complanatis, apice subulatis: fertilia 2, inclusa, sterilibus opposita; filamentis complanatis, latis, glabris; antheris lineari-oblongis, acuminatis, pubescentibus. Nectarium subhemisphæricum, crenulatum, ovariis applicatum. Styli 5, mox in unum coaliti brevem, 5-costatum, glabrum. Stigma oblongum, completum. Ovaria 5, planè libera, gynophoro brevissimo insidentia, apice obtusa, dorso convexa, lateribus plana, farinosa. Fructum non vidi.

Crescit in sylvis primævis provinciæ *Rio-de-Janeiro*, præsertìm propè prædium *Uba*. Floret Septembre-Novembre.

Obs. Je n'ai point vu le fruit; mais quoique la description de M. le professeur Mikan diffère de la mienne par l'expression, il est clair qu'il a retrouvé ici, à quelques nuances près, les caractères que je décris dans le *Galipea Fontanesiana*.

9. Galipea pentandra. † Tab. XIII.

G. foliis simplicibus, lanceolatis, acuminatis, obtusis, basi acutis, glabris; racemis axillaribus, simplicibus, paucifloris; pedicellis 3-bracteatis; staminibus 5 fertilibus.

Frutex 4-5-pedalis, à basi racemosus. Folia alterna, petiolata, simplicia, 3-4 pol. longa, lanceolata, plùs minùsve acuminata, obtusa, basi acuta, integerrima, glabra: petiolus 8-14 l. longus, suprà canaliculatus, paulò infra apicem subgeniculato-incrassatus. Racemi axillares, simplices, breves, pauciflori, pedunculati; pedunculo rachique pubescente. Flores pedicellati: pedicellus pubescens, basi stipatus bracteis 3 lineari-subulatis, pubescentibus, pedicello longioribus; intermediâ longiore, rariùs foliaceâ. Calyx cupulæformis, profundè 5-fidus, 5-gonus, pilis rufis obtectus; divisuris, ovato-lanceolatis. Petala 5, inferiùs subcoalita, subinæqualia, lineari-lanceolata, basi latiuscula, ultra medium recurva, crassa, villosa, vix punctato-pellucida, alba. Stamina 5, fertilia, petalis subadhærentia: filamenta linearia, sub 3-gona, dorso villosa, anteriùs plana barbataque: antheræ pubescentes, post anthesin recurvæ. Styli 5, mox in unum coaliti brevem, crassiusculum, villosum. Stigmata 5, completa, terminalia, subconica. Nectarium 5-gonum, dimidiis ovariis æquale. Ovaria 5, villosa, dorso convexa, lateribus plana, distincta.

Inveni in sylvis ad fluvium *Rio-pardo* in provinciâ *S. Pauli*. Florebat Octobre.

10. Galipea Fontanesiana. † Tab. XIV, B.

G. foliis simplicibus, oblongo-lanceolatis, apice acutiusculis, basi acutissimis, glaberrimis; racemis terminalibus vel subextrà-axillaribus, basi vix ramosis; staminibus 3 sterilibus; nectario 5-dentato.

Frutex 1-2 pedalis; caule simplici seu vix ramoso, crassitudine

Blanchard del.

GALIPEA PENTANDRA. Tab. XIII.

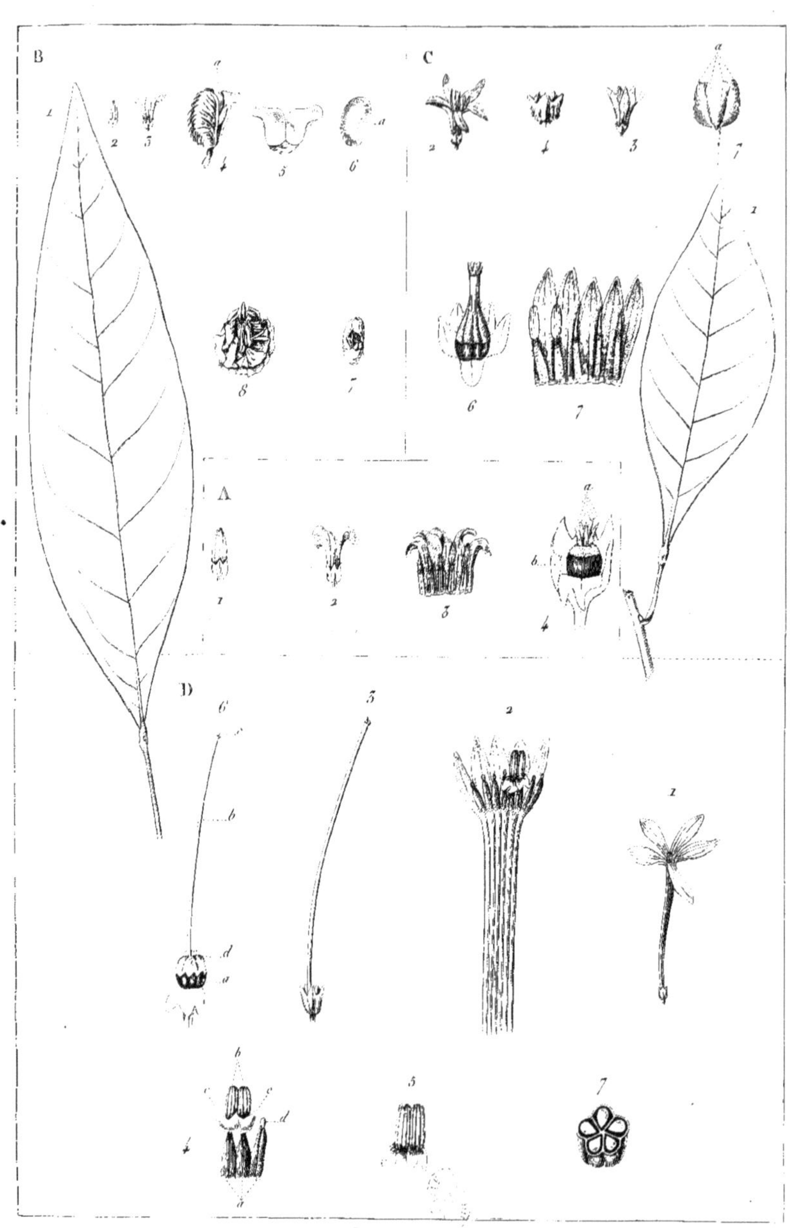

TAB. XIV.

A. GALIPEA PENTAGYNA. B. G.a FONTANESIANA. C. G.a CANDOLIANA. D. TICOREA JASMINIFLORA.

digiti. FOLIA petiolata, oblongo-lanceolata, apice acutiuscula, basi acutissima, 3-6 pol. longa, 15-24 l. lata, integerrima, glaberrima, intervallis sæpè approximata : petiolus 1-2 pol. longus, infra apicem incrassato-geniculatus. RACEMI terminales vel subextràaxillares, basi vix ramosi, breviter pedunculati; rachi subtrigonâ. FLORES parvi, in racemis glomerati, pedicellati : pedicelli glabriusculi, basi bracteolati. CALYX parvus, cupulæformis, profundè 5-fidus, crassiusculus, vix pubescens, nigricans; divisuris subinæqualibus. PETALA 5, linearia, pubescentia, in tubum brevem 5-gonum usque ad medium coalita. STAMINA 5, petalis adhærentia : filamenta 3 sterilia, complanata, subulata, pubescentia : fertilia 2 breviora; antheris albis. NECTARIUM dimidiis ovariis æquale, 5-dentatum. STYLI 5, breves, villosi, subcoaliti. STIGMATA 5, oblonga, subobliqua. OVARIA 5, villosa, dorso convexa, lateribus plana, gynophoro brevi, conico, interposito basi obliquè affixa, angulo centrali vix cohærentia. COCCA 1-2, cæteris abortivis, obovato-rotunda, obtusissima, compressiuscula, transversè arcuatìmque striata, glabra. SEMEN oblongo-reniforme compressum, obtusum, glabrum. UMBILICUS marginalis, medio seminis diametro majori circiter respondens. COTYLEDONES integræ.

Gratissimo animo in honorem dixi celeberrimi Fontanesii non minùs candore quam summâ eruditione venerabilis.

Inveni in sylvis primævis propè *Iraruama* in provinciâ *Rio-de-Janeiro*. Florebat Augusto.

11. GALIPEA CANDOLIANA. † Tab. XIV, C.

G. foliis simplicibus, lanceolatis, acuminatis, glaberrimis; racemis subextràaxillaribus, simplicibus, brevissimis; floribus confertis; staminibus 3 sterilibus; nectario integro.

FRUTEX 4-5-pedalis, ramosus; cortice cinereo. FOLIA petiolata, lanceolata, acuminata, integerrima, glaberrima, circiter 3 pol. longa : petioli 1 pol. longi, infrà apicem incrassato-geniculati; juniores puberuli. RACEMI subextràaxillares, subsessiles, simplices, brevissimi; rachi puberulâ. Flores conferti, breviter pedicellati: pedicellus pubescens, basi bracteolatus. Calyx brevis, cupulæformis, 5-gonus, profundè 5-dentatus, pubescens; dentibus subinæqualibus. Petala 5, subinæqualia, lineari-lanceolata, villosa, inferiùs in tubum conniventia, nec coalita vel adglutinata. Stamina 5, infra antheram petalis adglutinata: sterilia 3; filamentis complanatis, subulatis, dorso villosis, à basi usquè ad mediam faciem glabris, dein barbatis, apice pubescentibus: fertilia 2; filamentis latioribus complanatis, subcanaliculatis, dorso villosis, ad summam faciem subbarbatis; antheris obtusis, subpubescentibus. Nectarium 5-gonum, integrum, tertiam ovariorum partem attingens. Styli 5, mox in unum coaliti brevem, villosum. Stigmata 5, completa, conica. Ovaria 5, distincta, villosa.

In honorem dixi celeberrimi Candolii qui primus de Galipeis cæterisque Cuspariis particulatìm dissertavit.

Inveni in sylvis primævis provinciæ *Rio-de-Janeiro* propè prædium *Ubà* ad flumen *Parahyba*. Florebat Novembre.

Obs. I. Comme les plantes que je viens de décrire sous le nom de *Galipea* se ressemblent par les caractères les plus importans, notamment par la forme de la fleur, et que leurs différences se nuancent par des dégradations insensibles, il est bien évident qu'elles ne doivent point être séparées. La seule comparaison de mes figures et de celle du *Cusparé* dans les ouvrages de MM. Humboldt et Richard père suffiroit pour prouver que mes plantes appartiennent au même genre que le *Cusparé*: je ne leur donne cependant pas le nom de *Cusparia*, mais celui de *Galipea*, parce que ce dernier est plus ancien, et que le *Galipea* d'Aublet n'est encore que le même genre. Malgré ma conviction intime, j'avois quelque peine, je l'avoue, à former ces réunions, parce qu'il en coûtera toujours au botaniste sincèrement ami de la science d'introduire des changemens dans la nomenclature; mais j'ai successivement soumis mes plantes à MM. de Jussieu, Desfontaines, Kunth et A. Richard; ils les ont comparées avec les figures d'Aublet, de Humboldt et de Richard père, et tous m'ont engagé à ne point séparer des espèces qui se nuancent aussi bien. M. de Candolle a déjà réuni au *Galipea* une espèce qui se rapproche bien plus du *Cusparia* que du *Galipea*, et l'hésitation que cet illustre botaniste dit avoir éprouvée, quand il a fallu déterminer sa plante, est encore une preuve de l'identité que j'annonce. Quoique son *Galipea Ossana* semble avoir dans la réalité plus de rapport avec le *Cusparia* qu'avec la plante d'Aublet, il s'est décidé pour le nom de cet auteur, sans doute pour suivre la loi de l'antériorité; et il aurait consommé la réunion que j'indique, s'il eût connu mes espèces. Au reste, pour justifier l'opinion des savans que j'ai cités plus haut et la mienne propre, je vais comparer partie par partie les plantes dont il est question. — Inflorescence. Elle est absolument la même dans le *Cuspare* et mon *Galipea heterophylla*, et ensuite les grapes deviennent simples dans mes *G. Fontanesiana*, *Candolliana*, *5-andra*. Le *Galipea trifoliata* d'Aublet présente, il est vrai, des fleurs en corymbe; mais cette inflorescence ne diffère pas moins de celle de l'espèce dont M. de Candolle a fait un *Galipea*, puisque cette dernière a des fleurs en panicule. — Forme des fleurs. Nulle différence entre mes plantes et celle de M. de Humboldt. La fleur développée du *Galipea trifoliata* figuré par Aublet s'en rapproche un peu moins: mais les boutons sont semblables à ceux de mes plantes, surtout de mon *G. pentagyna*, et sont également anguleux; enfin l'espèce que M. de Candolle rapporte au *Galipea* a une fleur absolument semblable à celle des espèces brasiliennes et du *Cuspare*, comme le montre la figure qu'en a donnée le même auteur. — Calice. M. Bonpland attribue au *Cuspare* un calice campanulé; Aublet, un calice tubuleux au *Galipea*, et les espèces du Brésil présentent diverses nuances entre le calice cupuliforme et le calice campanulé; mais la figure d'Aublet suffit pour montrer que l'expression dont il s'est servi n'est pas exacte, et, tout en laissant subsister cette expression dans les caractères du genre *Galipea*, M. de Candolle rapporte pourtant à ce dernier une espèce qui a un calice court, 5-partite et cupuliforme. Un caractère commun à mes plantes et à celle d'Aublet, c'est que le calice est 5-gone, et j'ai reconnu un calice également à 5 angles dans le *Cuspare*: M. de Candolle ne parle pas de ce caractère dans sa description du *G. Ossana*, et il peut effectivement ne pas y exister, parce que les divisions s'y étendent jusqu'au pédoncule. — Corolle. Les pétales sont linéaires et pubescens dans mes plantes, le *Cuspare* et le *G. Ossana*; il est évident qu'ils sont aussi linéaires dans le *G. trifoliata*, mais Aublet ne dit rien de leur surface. Ils sont un peu inégaux dans mes plantes et le *Cuspare*; Aublet et de Candolle ne parlent point de ce caractère, mais ils ne disent pas non plus qu'il n'existe pas. Dans toutes les espèces dont il s'agit, les pétales se réunissent à leur base en un tube court; ce tube est 5-gone dans le *Cuspare*; il l'est d'autant plus sensiblement chez mes plantes, que les angles du calice sont plus prononcés; il doit être 5-gone dans le *G. trifoliata* d'Aublet, puisque le calice y est à 5 angles; malgré son tube arrondi, M. de Candolle fait aussi de sa plante un *Galipea*, et il n'est pas étonnant que ce tube ne soit pas anguleux, puisque les divisions du calice, s'étendant jusqu'au pédoncule, n'exercent aucune pression sur ce même tube. Les pétales sont si bien soudés dans le *Cusparé* qu'on ne voit, dit-on, aucune soudure dans le tube de sa corolle, et il paroît qu'il en est de même dans le *Galipea trifoliata*. Déjà on peut séparer les pétales du *G. Ossana* sans aucun déchirement; le degré d'adhérence varie dans mes espèces; il est peu sensible dans mon *G. pentandra*, et enfin les pétales de mon *G. Candoliana* ne sont que rapprochés. — ÉTAMINES. L'adhérence des étamines avec la corolle éprouve les mêmes nuances que celle des pétales entre eux. Elles sont au nombre de 4 dans l'espèce d'Aublet, de 5 ou 6 dans le *Cusparé*, de 5 dans toutes mes espèces, de 7 dans celle de M. de Candolle; donc leur nombre ne fournit point un caractère générique. Deux filets seulement portent des anthères dans le *Cusparé*, dans les *Galipea* d'Aublet et de de Candolle, et dans la plupart de mes espèces; 3 sont fertiles dans mon *Galipea heterophylla*; tous le sont enfin dans mon *G. pentandra*; par conséquent le nombre des filets fertiles ne fournit non plus que des caractères spécifiques. — FILETS. Les filets sont aplatis dans mes plantes, le *Cusparé* et le *Galipea Ossana*, et les stériles se terminent en alène dans celle-ci comme dans mes espèces. — ANTHÈRES. Dans toutes les espèces dont il est question, les anthères sont également longues, linéaires et 2-loculaires. Les appendices dessinés par M. Bonpland dans celles du *Cusparé* n'existent point, comme l'a prouvé Richard; c'est le connectif qui se prolonge, comme celui des *Mélastomées*, en un appendice 2-fide et descendant; mais un appendice absolument semblable se retrouve dans mes *Ticorea jasminiflora* et *febrifuga*; donc il ne peut point fournir ici de caractère générique. — NECTAIRE. Il existe sans doute dans les plantes d'Aublet, mais il l'aura négligé; il se trouve dans toutes mes plantes, le *Cusparé* et le *G. Ossana*; son bord est également à 10 dents dans ces deux dernières espèces, et varie ensuite dans celles des miennes qui sont les plus voisines. — PISTIL. Au rapport de M. Richard, le *Cusparé* a ses ovaires soudés par l'angle central; il n'y a d'adhérence qu'au sommet dans mes *G. heterophylla* et *pentagyna*; enfin il n'y en a pas du tout dans d'autres espèces. Je ne reviendrai pas ici sur les caractères déjà discutés dans le cours de mon mémoire; je crois avoir suffisamment démontré que le *Cusparé*, les *Galipea* d'Aublet et de de Candolle et mes plantes ne forment qu'un même genre; et le nom de *Galipea* doit lui être conservé comme plus ancien.

OBS. II. Si, après avoir lu tout ce qui précède, et en particulier la description du *G. macrophylla*, l'on veut se donner la peine de jeter les yeux sur la figure et sur la description du *Raputia* d'Aublet, il sera difficile, je crois, de ne pas regarder comme congénères le *Raputia* et le *Galipea*. Telle étoit l'opinion du P. Leandro do Sacramento, qui, pour les plantes américaines, peut faire autorité; et le docteur Mikan, en décrivant le *Conchocarpus* qui n'est qu'un *Galipea*, ajoute que son genre ne diffère réellement du *Raputia* que par le nombre des étamines; caractère qui, comme nous l'avons vu, ne doit point être ici considéré comme générique. A la vérité, Aublet figure comme opposées les feuilles du *Raputia;* mais beaucoup de genres présentent tout à la fois des espèces à feuilles alternes et d'autres à feuilles opposées. Mon genre *Almeidea*, si voisin des *Cuspariées*, a des feuilles alternes dans le bas et opposées dans le haut; le *Pilocarpus* a aussi des feuilles alternes et opposées; et Aublet lui-même représente comme opposés les rameaux inférieurs de son *Galipea trifoliata*, ce qui suppose que les feuilles le sont aussi quelquefois. M. de Candolle a ajouté une espèce au genre *Raputia* sous le nom de *R. heterophylla;* mais comme il la décrit d'après des échantillons sans fleurs et sans fruits, elle ne peut jeter aucun jour sur le genre d'Aublet. M. de Candolle a fait preuve de savoir, en songeant au *Raputia* pour son rameau; cependant il me semble qu'il pourrait être rapporté tout aussi-bien à l'*Evodia* qui a également des feuilles opposées et ternées. Il est même rigoureusement possible que ce rameau n'appartienne à aucune *Cuspariée*, mais à une *Verbenacée*, puisqu'il n'a pas de points transparens, mais seulement des points extérieurs.

Obs. III. M. de Candolle, en décrivant le *Galipea Ossana* (Mém. Mus. vol. vi, p. 150), avait soupçonné que la pointe subulée de ses filets stériles représentait l'anthère. Cela est incontestable, car, dans mes espèces, les filets fertiles et stériles sont également barbus; or la barbe se trouve dans les fertiles immédiatement au-dessous de l'anthère, et dans les filets stériles, la pointe subulée existe immédiatement au-dessus de la barbe.

Obs. IV. Toutes les fois que, dans mes *Galipea*, les feuilles sont simples, le pétiole est épaissi et un peu genouillé au sommet. Cette partie épaissie semble indiquer le point où auraient dû être placées les deux feuilles qui manquent; et comme elle se retrouve dans le *Pilocarpus* et mes *Almeidea*, elle montre la tendance qu'ont en général les *Rutacées* à avoir des feuilles composées. Les feuilles simples, à pédoncule géniculé, sont, dans cette famille, à peu près ce que sont, dans un autre groupe, les feuilles de l'*Oranger* ordinaire.

TICOREA. Aubl. Juss. Dec. (Carac. ref.)
Ozophyllum. Schreb.

Calyx parvus, 5-dentatus. Petala 5, in corollam pseudo-monopetalam connata seu adglutinata tubulosam infundibuliformem; limbo 5-fido, æquali vel inæquali, patente. Stamina 5-8, tubo adglutinata, monadelpha, quandoque 2-6 sterilia; connectivo sæpiùs producto.

Nectarium cupulæforme, ovarium cingens. Stylus 1. Stigma 5-lobum. Ovarium unicum, 5-lobum, 5-loc.; loculis 2-sp. : ovulum superius ascendens, inferius suspensum, utrumque axile. Cocca 5, 1-sperma, hinc 2-valvia; endocarpio separabili (ex Dec.).

Frutices. Folia alterna, ternata. Flores terminales, corymbosi vel paniculati aut compositè racemosi. Præfloratio quincuncialis.

Obs. I. M. Richard (Mém. Inst. 1811) et M. Kunth (Nov. Gen. vol. vi, p. 7) pensent que les *Ticorea* pourraient bien être congénères du *Cusparé*. Ils se seroient fortifiés dans cette manière de voir, s'ils eussent connu mes *T. jasminiflora* et *febrifuga*; car leurs pétales sont inégaux, le nombre des étamines varie de 5 à 8, deux seules sont fertiles, et enfin leur connectif se prolonge en un appendice semblable à celui du *Cusparé*. Malgré ces nombreuses ressemblances, j'ai pensé que, pour ne pas trop changer la nomenclature, on pourroit conserver les deux genres, en les fondant sur les différences de la corolle, qui est campanulée et à tube court chez le *Cusparé* (*Galipea febrifuga*) (1) et tous les autres *Galipea*, tandis qu'elle est infundibuliforme et tubuleuse chez les *Ticorea*. Mais, en laissant subsister ces deux genres, nous devons reconnoître, dans l'opinion des savans que j'ai cités, une autorité de plus pour réunir le *Galipea febrifuga* (1), les *Galipea* d'Aublet et de de Candolle et mes plantes brasiliennes; car elles ont entre elles infiniment plus de ressemblance encore que n'en ont le *Ticorea* et le *Cusparé*.

Obs. II. M. de Candolle ne dit rien de l'appendice formé par le connectif; mais la figure de son *T. longiflora* prouve qu'il existe dans cette espèce comme dans mes *T. jasminiflora* et *febrifuga*, et l'on pourroit soupçonner, d'après la description que donne Aublet de son *Ticorea fœtida*, que le même caractère s'y retrouve également.

Obs. III. Je décris l'ovaire du *Ticorea* comme simple, parce que je l'ai trouvé tel dans le *longiflora*, le *jasminiflora* et le *febrifuga*; mais comme la réunion et la séparation des loges n'a presque aucune valeur chez les *Cuspariées*, je ne serois pas surpris que l'on trouvât aussi des *Ticorea* à ovaires distincts.

---

(1) Tel est le nom que le *Cusparé* me paroît devoir définitivement porter, parce qu'il conserve la dénomination spécifique donnée originairement par M. de Humboldt.

12. TICOREA JASMINIFLORA. Tab. XIV, D.

T. foliis ternatis; foliolis lanceolatis, acuminatis, in petiolum attenuatis; paniculis laxiusculis; staminibus 3-6 sterilibus.

FRUTEX 7-8-pedalis, sæpiùs à basi ramosus; ramulis gracilibus, viridibus. FOLIA alterna, ternata, petiolata : petiolus 1-2 longus, rectus, subtùs convexus, supernè planus seu canaliculatus, quandoque subpubescens : foliola 1-6 pol. longa, lanceolata, in petiolum attenuata, acuminata, obtusa, quandoque emarginata, glabra, punctato-pellucida, lætè viridia; intermedio longiore; lateralibus basi inæqualibus. PANICULÆ subæquales, oblongæ (forsan meliùs racemi compositi), laxiusculæ, terminales alaresve, pedunculatæ, 3-6 pol. longæ, sæpiùs erectæ, quandoque cernuæ, compositæ ex ramulis circiter 6-floris. FLORES pollicares et ultrà, pedicellati : pedicelli puberuli, bracteolati : bracteolæ subulatæ, pubescentes. CALYX parvus, campanulato-cupulæformis, acutè 5-dentatus, glandulosus, puberulus. PETALA 5, lineari-spathulata, infernè ità connata ut suturam quandoquè ne quidem animadvertas, corollam 1-petalam simulantia infundibuliformem, 5-fidam, pubescentem, glandulosam, punctato-pellucidam, albam; tubo calice multotiès longiore, quandoquè subincurvo, intùs villoso; divisuris, inæqualibus, obtusis, patentibus. STAMINA 5-8, petalis arctissimè coalita, paulò infra faucem inserta, basi 1-adelpha, pubescentia : filamenta complanata, subinæqualia, apice attenuata, pubescentia; sterilia 3-6, in glandulam desinentia obtusam; fertilia 2; antheris subcoalitis, linearibus, albis, semi-exsertis, 2-locularibus, internè dehiscentibus; connectivo in appendicem anteriùs producto descendentem, cordatum, carnosum. STYLUS filiformis, glaber, inclusus. STIGMA sublaterale, 5-tuberculatum. NECTARIUM cupulæforme, 5-gonum, 5-dentatum, tenue. OVARIUM 1, subglobosum, 5-lobum, transversè striatum, punctato-pellucidum, glabrum, 5 loc.; loculis 2-spermis. OVULA conica.

Succum ex foliis elicitum bibunt indigenæ, morbum tollendi causâ quem dicunt *bobas*, gallicè *frambœsia*.

Crescit in sylvis cæduis provinciæ *Rio-de-Janeiro* vulgò dictis *Capueiras*, præsertìm propè urbem *Tagoahy*, et in provinciâ *Minas-geraes*, inter flumina *Parahyba* et *Parahybuna*. Floret Februario, Martio, Aprili.

13. TICOREA FEBRIFUGA.

Valdè affinis præcedenti; differt autem caule sæpè arboreo, paniculis coarctatis, floribus dimidiò brevioribus; bracteis pluribus subfoliaceis; stylo magìs exserto. Forsitan mera varietas.

Cortex amarissima, astringens, valdè febrifuga.

Crescit in provinciâ *Minas-geraes*, præsertìm ad locum dictum *as-Pacas*, propè vicum vulgò *Santa Barbara*.

ALMEIDEA.

CALYX minimus, 5-partitus, deciduus. PETALA 5, hypogyna, calyce multotiès longiora, unguiculata, spathulata, æqualia, erecta. STAMINA 5, hypogyna, cum petalis alternantia : filamenta complanata, supra medium barbata : antheræ lineares, basi 2-fidæ, 2-loculares, longitrorsùm internè dehiscentes. NECTARIUM cupulæforme, ovarium cingens. STYLUS 1. STIGMA terminale, 5-lobum; lobis obtusissimis. OVARIUM obtusum, glabrum, usque ad axim centralem 5-partitum, 5-loculare; loculis 2-spermis : ovula axilia; superius ascendens, inferius suspensum. COCCA abortione 1-2, libera, abortu 1-sperma, seu rarissimè 2-sperma, angulo centrali 2-valvia; endocarpio crustaceo, solubili, itemque 2-valvi, ad umbilicum membranaceo; parte membranaceâ ruptili, umbilico seminis adherente, arillumque mentiente reniformem pellatìm affixum. SEMEN reniforme; integumento exteriore coriaceo, interiore tenui membranaceo. MUCILAGO vix ulla inter plicas cotyledonum. EMBRYO curvatus : cotyledones magnæ, corrugatæ, infra collum 2-auriculatæ; unâ exteriore alteram involvente, valdè contortuplicatam : radicula brevis, teres, obtusa, in cotyledonem interiorem prona, cum eâdem involuta, umbilicumque ferè attingens. (Fructus semenque in A. rubrâ observati.)

Frutices. Folia exstipulata, alterna; superiora opposita; omnia simplicia, integerrima, punctato-pellucida; petiolo infra apicem incrassato-geniculato. Flores terminales, thyrsoidei, vel racemosi, bracteolati; ante explicationem formam juniorum aurantii referentes. Præfloratio quincuncialis (Dec.).

In honorem dixi amicissimi D. Joannis Rodriguesii Pereirâ de Almeida, viri nobilis et generosi, qui meis omni modo favit laboribus, et sine cujus benevolentiâ, gratissimo fateor animo, meas non potuissem perficere peregrinationes.

Obs. I. Ce genre, ne présentant aucune anomalie, doit être placé avec les *Rutacées proprement dites ;* mais, de tous ceux de cette tribu, il est le plus voisin des *Cuspariées*, et l'on ne peut même nier que dans la réalité il n'ait plus d'affinité avec ces dernières qu'avec les *Rutacées proprement dites.* En effet il offre le calice et le nectaire des *Cuspariées ;* ses étamines sont en particulier celles du *Galipea ;* ses ovules, au nombre de deux, sont attachés comme dans les *Cuspariées ;* son faux arille se retrouve dans le *Monniera ;* et enfin son embryon dépourvu de périsperme, à radicule courbée et à cotylédons chiffonnés dont l'un enveloppe l'autre, est semblable à celui du *Galipea Fontanesiana.*

Obs. II. Le faux arille que je signale dans les *Almeidea* est encore une preuve de la nécessité où est l'observateur de suivre les développemens successifs des plantes, quand il ne veut commettre aucune erreur. Il n'est aucun botaniste qui, voyant isolément une graine d'*Almeidea*, ne prenne son faux arille pour un arille véritable; mais, s'il peut observer les progrès de la déhiscence du fruit, il verra d'abord que, vers le moment où l'endocarpe se sépare du sarcocarpe, sa partie la plus voisine de l'ombilic est d'une consistance membraneuse et non crustacée; des fruits un peu plus avancés lui offriront un commencement de déchirure entre les deux parties; enfin, dans d'autres plus avancés encore, la partie membraneuse se sera tout-à-fait détachée de la partie crustacée, mais alors même il verra une lacune dans cette dernière, et il pourra la remplir exactement, en y plaçant l'arille prétendu. Lorsque les deux ovules sont fécondées, il ne saurait y avoir de méprise, parce qu'alors le faux arille se trouve commun aux deux semences; on voit qu'elles y sont fixées toutes deux, et il est ainsi bien évident qu'il appartient au péricarpe. M. Kunth a décrit avec l'exactitude la plus parfaite la forme et la position du faux arille du genre *Monniera*, et, s'il n'a pas indiqué sa véritable nature, c'est que, pour se diriger, il n'avait pas d'observation antécédente de même nature. Guidé par l'analogie, j'ai examiné des semences de *Monniera* dans différens états, et j'y ai retrouvé tout ce qui s'était offert à moi dans l'*Almeidea*.

14. ALMEIDEA LILACINA. Tab. XV.

A. foliis ovato-lanceolatis, basi acutis; paniculis pyramidatis; pedunculo puberulo; petalis obtusis.

ARBUSCULA 15-pedalis, ramosa. FOLIA petiolata, alterna; superiora opposita; simplicia omnia, 2-3 pol. longa, 12-18 l. lata, ovato-lanceolata, basi acuta, apice obtusiuscula, integerrima, glabra: pedunculus circiter 6-8 l. longus. PANICULÆ terminales, pedunculatæ, pyramidatæ: pedunculus glabriusculus, 3-5 p. longus: rami patentes, circiter 5-8 flori. FLORES pedicellati; pedicellis 3-5 l. longis, sæpiùs bracteolatis, apice incrassatis. CALYX minimus, 5-partitus, vix pubescens, ruber; laciniis ovatis, obtusis. PETALA obtusa, pubescentia, lilacina. STAMINUM filamenta pubescentia; antheræ obtusæ. NECTARIUM tenue, integrum, dimidio ovario æquale. OVARIUM luteum. STYLUS pubescens. STIGMA crassiusculum, luteum.

Inveni in sylvis primævis provinciæ *Rio-de-Janeiro*, prope prædium *Uba*, alt. 600 ped. Florebat Martio.

15. ALMEIDEA RUBRA.

A. foliis lanceolatis, basi acutis; racemis compositis; pedunculo glabro; petalis obtusissimis.

FRUTEX ramosus. FOLIA lanceolata, seu rariùs ovato-lanceolata, basi acuta, apice acutiuscula, glaberrima, 3-5 pol. longa, 12-18 lata; petiolo semi-tereti. RACEMI terminales, pedunculati, circiter 2-3 pol. longi, compositi ex ramis brevibus, bracteolatis, 2-3 floris: pedunculus 3-angularis, glaber, bracteis quibusdam quandoquè obsitus. FLORES circiter 6 l. longi, pedicellati; pedicellis glabris, apice incrassatis. PETALA obtusissima, carnosa, pubescentia, rubra. STAMINUM FILAMENTA canaliculata, pubescentia: antheræ 2-fido-sagittatæ.

Richard del.

TAB. XX.
ALMEIDEA LILACINA.

NECTARIUM integrum, breviusculum, crassum, glabrum. STYLUS apice subincrassatus, pubescens, albus. STIGMA aureum; lobis rotundis. OVARIUM punctato-pellucidum. COCCA 5-6 l. longa, subrotunda, obtusissima, compressiuscula, glabra, ex cinereo nigrescentia, obscurè striata. SEMEN oblongo-reniforme, 3-4 l. longum, compressiusculum, glabrum, cinereum; rarissimè 2, mutuâ compressione unâ extremitate plana; pseudo-arillo utrique communi. Umbilicus marginalis; medio seminis diametro circiter respondens. ENDOCARPIUM lutescens. COTYLEDONES suborbiculares, emarginatæ; auriculis longitudine radiculæ.

Nascitur in monte *Babylonia*, prope *Sebastianopolim*. Floret Junio.

16. ALMEIDEA LONGIFOLIA. †

A. foliis lanceolatis, basi obtusis, apice acutis; racemis compositis; pedunculo pubescente; pedicellis glabris; petalis obtusis.

Præcedenti quodammodo affinis; differt autem præcipuè foliis sæpiùs multò majoribus, basi obtusis, apice acutioribus; petiolis crassioribus brevioribusque, rugosis; pedunculo pilis rufis obtecto; florum gemmis longioribus angustioribusque; petalis minùs obtusis, basique latioribus. Fructus floresque planè explicatos non mihi videre licuit, florumque colorem non adnotavi.

Inveni in sylvis primævis provinciæ *Rio de Janeiro*, prope prædium *Uba*, alt. 600 ped.

PILOCARPUS (1). Wahl. Pers. (Carac. ref.)

CALYX minimus, 5-dentatus. PETALA 5, sub gynophoro inserta, lanceolata, basi latiuscula, apice uncinata, patula. STAMINA 5, cum

(1) Wahl a fait le mot *Pilocarpus* du genre féminin; peut-être eût-il été mieux de le faire masculin; mais comme cela est en soi-même de la plus complète indifférence, j'ai cru devoir suivre un si grand maître, pour ne rien changer au nom qu'il a donné.

petalis alternantia, ibidem inserta, patula. ANTHERÆ subrotundæ, 2-loculares. STYLI 5, breves, infra apicem ovariorum angulo centrali affixi, inter eadem coarctati, apice coaliti. STIGMA conico-capitatum, 5-lobum. OVARIA minutissima, unilocularia, monosperma (2-sperma in P. racemosâ Wahl), valdè approximata, basi immersa gynophoro discoïdeo vel hemisphærico, et cum illo simulantia ovarium unicum stigmate sessili coronatum : ovulum angulo interno affixum, peritropium. COCCA rarò 5, sæpius abortione 1-2, angulo centrali 2-valvia; endocarpio crustaceo separabili, itemque 2-valvi. SEMEN 1. INTEGUMENTUM membranaceum. PERISPERMUM 0. EMBRYO rectus, umbilico parallelus : cotyledones magnæ, infrà collum breviter 2-auriculatæ; auriculis radiculam brevem, mammæformem occultantibus.

FRUTICES. FOLIA exstipulata, alterna, opposita, petiolata, integerrima, petalaque et ovaria punctato-pellucida. FLORES spicati, vel sæpius racemosi, terminales aut demùm laterales; pedicellis ad basim et infra calicem, vel medio bracteolatis. PRÆFLORATIO valvata. POLLEN aureum.

OBS. Wahl avoit été trompé par les apparences; il considéroit l'ovaire comme unique, et le gynophore comme une partie de l'ovaire.

17. PILOCARPUS SPICATA. † Tab. XVI.

P. glaberrima; foliis oblongis, vel elliptico-oblongis, obtusè acuminatis, basi acutis; floribus spicatis, subapproximatis, numerosis, brevissimè pedicellatis.

FRUTEX glaberrima, 1 ½-2 ½ p. alta, caule erecto. FOLIA omnia alterna; aut alia alterna, alia præcipuè superiora opposita, quandoquè ternata; oblonga vel elliptico-oblonga, obtusè acuminata, basi acuta, 6-7 pol. longa, 1 ½-2 ½ lata : petiolus rubescens, 3-12 l. longus, apice vix incrassatus. Spica terminalis aut demùm lateralis, breviter pedunculata, seu sessilis, 6-13 pol. longa, angusta. FLORES subapproximati, patentissimi, brevissimè pedicellati; pedicello

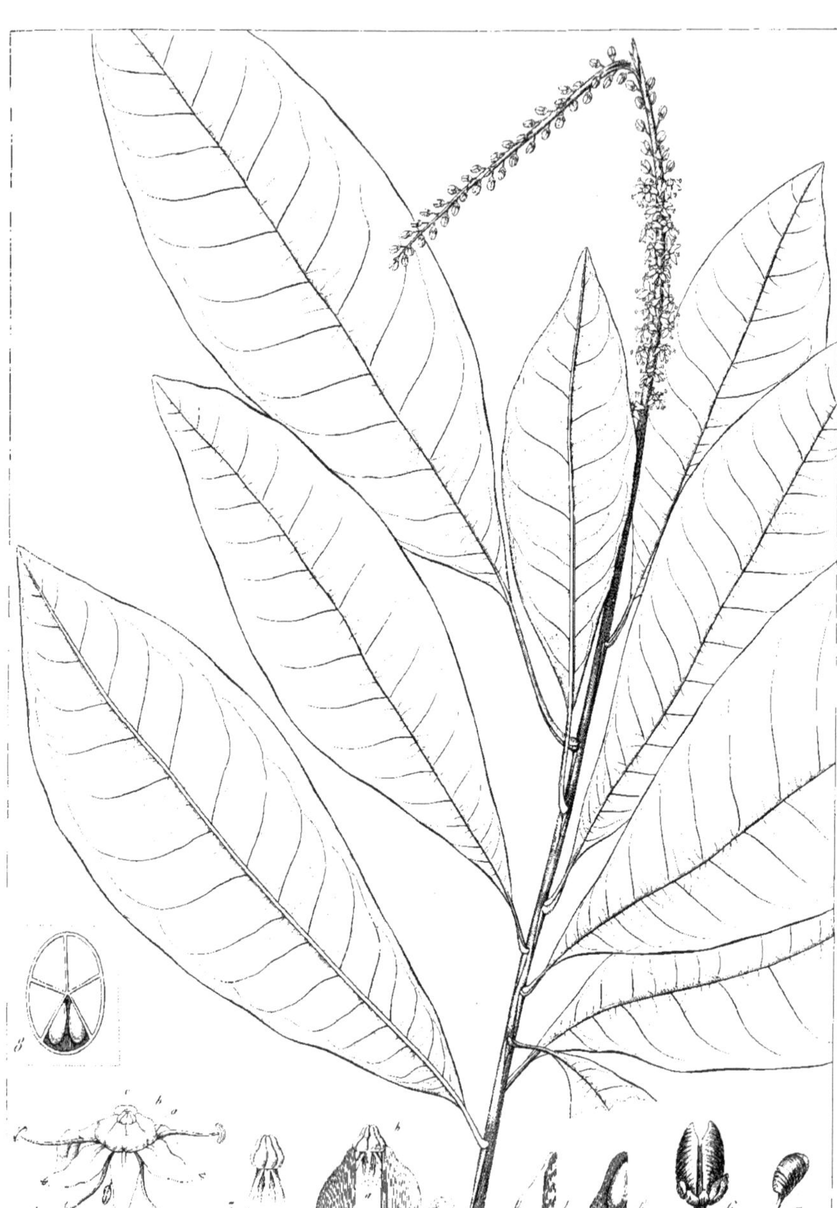

PILOCARPUS SPICATA. Tab. XVI.

crassiusculo, ad basin bracteolâ minutissimâ acutâ suffulto, et 2 insuper latiusculis paulo infra calycem onusto. Petala viridia. Gynophorum depresso-discoïdeum, 5-gonum, striatum. Cocca circiter 1-4 l. longa, ovato-obtusa, compressiuscula, transversè arcuatìmque striata, ferrugineo-grisea. Semen ovatum, subdepressum (Rich.), nigrescens: umbilicus ad mediam seminis faciem. Cotyledones semi-ellipticæ.

Nascitur ad vias sylvarum prope *Sebastianopolim*, præsertìm in monte *Trapiceiro* et in loco dicto *Larangeira*. Floret Julio et Augusto.

18. Pilocarpus pauciflora. †

P. foliis lanceolatis, obtusis, acuminatis; petiolis incrassato-geniculatis; racemis paucifloris; rachi, pedicellis bracteolisque puberulis.

Frutex 3-pedalis, gracilis, parùm ramosus; cortice albido; ramulis puberulis. Folia alia alterna, alia præcipuè superiora opposita, lanceolata, basi acuta, apice obtusa, breviter acuminata, 3-4 pol. longa, glabra; petioli circiter 10 longi, apice incrassato-geniculati; juniores puberuli. Racemi terminales aut demùm axillares, sessiles vel breviter pedunculati, 4-5 pol. longi, nec multiflori; axi puberulo. Flores remotiusculi, pedicellati, patentes; pedicelli 2-3 longi, puberuli, bracteolâ puberulâ basi suffulti, medioque insuper duabus onusti. Stamina glabra.

Nascitur in sylvis primævis prope *Itapocoroïa*, in provinciâ *S. Catharinæ*. Floret Martio.

SPIRANTHERA. †

Calyx brevis, cupulæformis, profundè 5-dentatus, 5-gonus. Petala 5, hypogyna, longa, linearia, angusta, in unguem latiusculum attenuata, subfalcata. Stamina 5, hypogyna, cum petalis alternantia: filamenta filiformia: antheræ lineares, longæ, basi 2-fidæ, 2-loculares, internè longitrorsùm dehiscentes, post apertionem floris spiraliter revolutæ; connectivo crassiusculo. Stylus 1. Stigma terminale, 5-lobum. Nectarium cylindrico-campanulatum, gynophorum cingens. Ovarium profundè 5-lobum, apice truncatum, basi subattenuatum, et cum gynophoro subcontinuum, 5-loc.; loculis 2-spermis; ovula axilia, absque placenta peculiari; superius ascendens, inferius suspensum. Fructum non mihi videre licuit.

Nomen a structura antherarum.

Obs. Le *Spiranthera* doit être placé auprès des genres *Dictamus* et *Calodendrum* à cause de la forme de ses pétales, ses longues étamines et son gynophore. Cependant le double mode d'adnexion de ses ovules et l'existence d'un nectaire simple lui donnent aussi des rapports avec les *Cuspariées*.

19. Spiranthera odoratissima. † Tab. XVII.

Caules plures, sesqui-pedales, simplices, erecti, angulati, glabri. Folia exstipulata, alterna, petiolata, ternata; petiolus circiter 3 pol. longus, summo apice puberulus; foliola brevissimè petiolata, circiter 3 pol. longa, ovato-lanceolata, acuminata, acuta, integerrima, margine subrevoluta, sæpiùs canaliculata, punctato-pellucida, glabra, subtùs manifestè pallidiora; nervo medio subtùs proeminente. Flores pulchri, in apice caulium axillares, simulque terminales corymbosi: pedunculi pubescentes; inferiores 3-fidi, 3-flori, superiores simplices, seu rarissimè 2-fidi; omnes 1-3 bracteati; bracteis pubescentibus, subulatis. Calyx pubescens, divisuris subcarinatis. Petala 1 $\frac{1}{2}$ pol. longa, punctato-pellucida, pubescentia, alba. Stamina 5, punctato-pellucida, glabra; filamentis subtuberculatis; antheris longis. Stylus pubescens. Nectarium basi crassiusculum, 10-angulare, 10-dentatum; dentibus acutis. Ovarium villosum, gynophoro insidens circiter 2 l. longo, 5-costato, pubescente.

Suavissimum Caprifolii flores expirant odorem.

Inveni in campis altis prope prædium *Sobradinho*, haud longè a finibus provinciarum *Minas-Geraes* et *Goyaz*. Florebat Maio.

Blanchard del.

TAB. XVII.

SPIRANTHERA ODORATISSIMA.

EVODIA. Forst. Kunth; non Gært. (Carac. ref.)
Ampacus. Rumph.

CALYX 4-5 partitus. PETALA 4-5, hypogyna, æqualia, calice longiora, obtusa. STAMINA totidem, cum petalis alternantia, ibidem inserta; antheræ 2-loculares. NECTARIUM cupulæforme, ovarium cingens, vel glandulæ 4 hypogynæ (ex Kunth). STYLUS brevissimus, unicus. STIGMA terminale, obtusum. OVARIUM 5-lobum seu 5-partitum (ex Kunth), 5 loc.; loc. 2-spermis : ovula angulo interno affixa, peritropia.

ARBORES vel frutices. FOLIA opposita, ternata, petiolata, exstipulata, punctato-pellucida. FLORES corymbosi axillares vel paniculati terminales; corymbis paniculisve bracteatis.

OBS. M. de Candolle pensoit déjà qu'il étoit nécessaire d'admettre ce genre; mais il devient indispensable de l'adopter à présent que M. Kunth a reconnu qu'il falloit réunir les *Zanthoxylum* aux *Fagara*. L'*Evodia* se distinguera principalement par *ses fleurs hermaphrodites* et par *son nectaire simple ou composé de quatre glandes*. Si je rejette le nom d'*Ampacus* appliqué au même genre par Rumph, c'est parce qu'on est convenu de ne pas remonter au-delà de Linné pour les noms génériques, et parce que le nom d'*Evodia* vient d'être de nouveau consacré par M. Kunth.

20. EVODIA FEBRIFUGA. †

Evodia febrifuga. Aug. de S.-Hil. Plant. us. Bras., n°. 4.

N. Vulg. Tres folhas vermelhas, *seu* Larangeira do mato.

E. caule arboreo; foliis ternatis; foliolis lanceolato-ellipticis, subacuminatis; panicula terminali, pubescente; nectario simplici.

Cortex amarissima, astringens, valdè febrifuga, juniusque lignum.

Nascitur in sylvis primævis provinciæ *Minas-Geraes*, præsertim prope pagum *Itabira-de-mato-dentro*. Floret Februario.

21. Zanthoxylum monogynum. † Tab. XIX, A.

Vulg. Larangeira braba.

Z. inerme; foliis ternatis; foliolis rotundo-ellipticis, breviter acuminatis, obtusis, integerrimis, glabris; petiolo communi nervoque medio puberulis; paniculis terminalibus; pistillo unico.

Arbuscula a basi ramosa, inermis, dioïca. Folia alterna, petiolata, 1 ½-3 ½ longa, ternata; petiolo communi 6-14 l. longo, semi-tereti, vix puberulo; foliola rotundo-elliptica, sæpiùs breviter acuminata, obtusa, integerrima, glabra, punctato-pellucida; lateralia breviter petiolata, intermedium majus, multò longius, petiolatum. Paniculæ terminales, in maribus majores, puberulæ; ramis basi bracteolatis; bracteolâ minutissimâ, semi-ovatâ, margine scariosâ, puberulâ. Flores parvi, vix 1 l. longi, breviter pedicellati; pedicello puberulo, bracteolis minutissimis suffulto. Præfloratio quincuncialis. Foem. Calyx minimus, cupulæformis, 5-dentatus, vix puberulus, subpunctato-pellucidus; dentibus semi-ovatis. Petala 5, calyce sextuplò longiora, basi gynophori inserta, oblongo-lanceolata, obtusa, patula, glabra, vix punctato-pellucida, ex albido virescentia. Rudimenta staminum 5, cum petalis alternantia, ibidem inserta, minutissima, squamæformia. Ovarium 1 (rarissimè 2) subglobosum, glabrum, punctato-pellucidum, 1 loc., 2-sp., gynophoro insidens, duplò breviore, hemisphærico, substriato, punctato-pellucido, glabro; ovula parietalia, peritropia, invicem adpressa. Stylus brevis, sublateralis, obliquus, glaber. Stigma capitato-peltatum; magnum. Masc. calyx petalaque Fœm. Stamina 5, cum petalis alternantia, basi gynophori inserta, glabra : filamenta subulata; antheræ ellipticæ, obtusæ, usque ad medium 2-fidæ, dorso medio affixæ, 2-loculares, longitrorsùs internè dehiscentes. Rudimentum centrale gynophori cum rudimento pistilli leguminiformi.

Nascitur in provinciâ *Spiritus Sancti*, præsertìm prope *Ponta da fruta*. Floret Septembre.

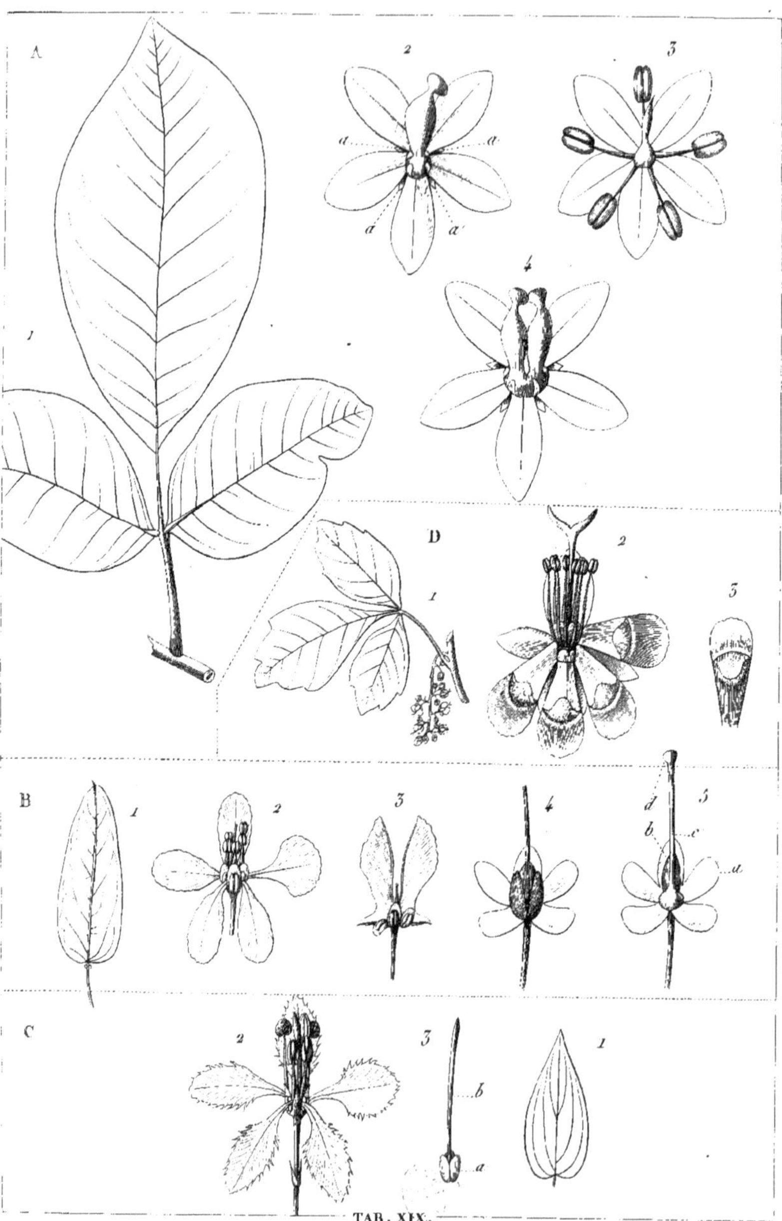

TAB. XIX.

A. *ZANTHOXYLUM* monogynum. B. *GAUDICHAUDIA* guaranitica. C. *GAUDICH*^{DIA}. sericea.
D. *SCHMIDELIA* guaranitica.

Obs. Mon respectable ami, le père Leandro do Sacramento, qui probablement ne connoissoit pas le genre *Zanthoxylum*, avoit désigné, sous le nom de *Langsdorffia*, dans un travail destiné à l'Académie de Munich, les espèces de *Zanthoxylum* où le pistil se réduit à un seul ovaire; mais ce genre ne sauroit être conservé, car non-seulement dans mon *Z. monogynum*, mais encore dans d'autres espèces où le plus souvent on ne voit qu'un ovaire, telles que mon *Z. hyemale*, il arrive souvent que sur le même pied, sur la même panicule, on trouve des fleurs à un ou deux ovaires. Dans aucun cas, au reste, le nom de *Langsdorffia* n'auroit pu être admis, puisqu'il avoit été donné précédemment par le savant docteur Martius à une plante fort curieuse de la famille des *Balonophorées*.

GAUDICHAUDIA. Kunth. (Carac. ref.)

Calyx 5-fidus vel 5-partitus, externè basi 10 sæpiùsve 8-glandulosus; glandulis magnis, adnatis. Petala 5, hypogyna, seu quandoquè perigyna, unguiculata, subrotunda vel elliptica, patula. Stamina 5, hypogina seu quandoquè perigyna, inæqualia: filamenta complanata, basi connata: antheræ 2-loculares, basi 2-fidæ, dorso supra basin affixæ, internè dehiscentes; duæ sæpiùs minores aut subabortivæ, connectivo incrassato, tuberculato-spongioso. Stylus 1, modò receptaculo insertus, et coccis interpositus, persistens, modò summo ovario aut basi ovarii inter lobos affixus. Ovarium sæpiùs 3-coccum, vel ab apice ad basin 3-partitum aut 3-lobum; coccis lobisve 1-spermis: ovulum ad extremitatem funiculi penduli crassi erectum, eidemque parallelum. Samaræ 2, unâ abortiente, receptaculo basi affixæ, inferiùs productæ in membranam brevem, concavam, calcariformem, dorso in alam subdolabriformem, extrorsùm tenuiorem excurrentes. Semen subovatum. Integumentum membranaceum. Perispermum o. Embryo rectus: cotyledones convexo-planæ, subellipticæ, obtusæ; radicula brevis. (Fructus semenque in G. Guaraniticâ observati.)

Frutices volubiles aut suffrutices. Folia opposita, integerrima. Flores solitarii, racemosive aut ombellati, axillares, rariùs terminales umbellati, flavi; pedicellis 2 seu 4, bracteolatis.

22. Gaudichaudia guaranitica. Tab. XIX, B. †

G. caule volubili, fruticoso; foliis petiolatis, ovato-oblongis, obtusis, breviter mucronatis; petiolis apice 2-glandulosis; ombellis axillaribus, 3-4 floris.

Caulis fruticosus, volubilis, teres, ramosus; ramis apice villosis. Folia petiolata, 10-18 l. longa, ovato-oblonga, obtusa, breviter mucronata, basi rotundata, integerrima, pilosa; petiolo 4-8 l. longo, filiformi, villoso, apice 2-glanduloso; glandulis oppositis, rotundis. Pili adpressi, medio affixi, 2-acuminati, fulvi, albis intermixti. Ombellæ axillares, 3-4 floræ, involucratæ, pedunculatæ; pedunculo filiformi, 8-14 l. longo, villoso, quandoquè bracteolato; involucro ex bracteis minutis, scariosis, villosis, totidem quot pedicelli iisdemque oppositis. Flores pedicellati; pedicellis villosis, supra medium 2-bracteolatis; bracteolis oppositis, scariosis, villosis. Calyx 5-fidus, pilosus; laciniis ovatis, obtusis, unâ nudâ, 4 basi 2-glandulosis. Petala 5, manifestè perigyna, inæqualia, denticulata; 4 laminâ ovatâ; unum ungue longiore, laminâ obovato-orbiculari. Stamina 5, manifestè perigyna, basi subconnata, inæqualia, glabra: filamenta complanata, fertilia: antheræ rotundæ, conformes; connectivo non incrassato. Stylus glaber, receptaculo insidens, coccis interpositus. Stigma capitatum. Ovarium villosum, 3-coccum; coccis ovatis, distinctissimis, approximatis. Samaræ cum alâ 8-10 l. longæ, compressæ, irregulares, venosæ, glabratæ; alâ suberectâ, subdolabriformi, integrâ, venosâ, quandoquè purpurascente. Semen subovatum, fuscum, glabrum.

Habitat in dumetis prope prædium *Itaruquem*, in provinciâ dictâ *Missoes*. Floret Januario, Februario.

23. Gaudichaudia linearifolia.

G. caule suffruticoso; foliis subsessilibus, linearibus, distantibus: ombellis terminalibus.

Caules plures, suffruticosi, ramosi, villosi, sesquipedales. Folia subsessilia, linearia, angusta, acuta, 6-14 l. longa, villosa, valdè distantia. Ombellæ terminales, pauciflorae, involucratæ; involucro ex bracteis subovatis, nigrescentibus, villosis, inæqualibus. Flores breviter pedicellati; pedicello crassiusculo, villosissimo. Pili adpressi, medio affixi, 2-acuminati, pallidè rufescentes. Calyx subvillosus, 5-partitus; divisuris ovatis, obtusis; unâ nudâ; cœteris basi 2-glandulosis; glandulis adnatis, magnis, ellipticis. Petala 5, denticulata, unguiculata; 4 patula, laminâ ovatâ, obtusâ; unum suberectum, ungue longiore, laminâ suborbiculari. Stamina 5, inæqualia, glabra: filamenta basi subconnata, complanata, triangularia, subulata; antheræ 2-loculares. Stylus apice attenuatus, glaber, ovarii basi inter lobos nec receptaculo affixus. Stigma capitatum. Ovarium villosum ab apice ferè usquè ad basin 3-partitum. Fructus ruber: structuram particulatìm observare non licuit.

Inveni in campis australibus provinciæ *S. Pauli* vulgò dictis *Campos-Geraes*, prope prædium *Quartela*. Florebat Februario.

24. Gaudichaudia sericea. † Tab. XIX, C.

Caule suffruticoso; foliis breviter petiolatis, subtùs sericeis, intermediis ovato-lanceolatis; pedunculis filiformibus, unifloris, rariùs 2-floris.

Radix repens, tenuis, longa. Caules digitales, erecti, villosi. Folia breviter petiolata, subdistantia, suprà villosa, subtùs villosissima sericeaque et septem-nervia; nervis lateralibus 6 convergentibus; inferiora 2 s. 4, parva, subrotunda; intermedia ovato-lanceolata, brevissimè mucronata, circiter 10-16 l. longa; superiora longiora, lineari-lanceolata. Pedunculi axillares, filiformes, folio multò longiores, solitarii, 1-flori aut rarissimè 2-flori, 4-bracteati; bracteis oppositis, per paria distantibus, parvis, ovato-oblongis, canaliculatis, scariosis, pilosis. Calyx 5-partitus, villosus; divisuris ovato-lanceolatis, acutis; unâ nudâ; 4 basi 2-glandulosis;

glandulis adnatis, ellipticis. PETALA 5, inæqualia; laminâ ellipticâ, obtusâ, margine et præcipuè basi fimbriatâ. STAMINA 5, basi subconnata, rarissimè 6: fertilia 3, inæqualia; filamentis complanatis, linearibus; antheris paulò supra dorsi basin affixis, subcordatis, obtusis, apice subcuculatis; connectivo apice incrassato : substerilia 2; filamentis longioribus, gracilibus; connectivo globoso, tuberculato-spongioso, hinc modò barbato, modò antherifero; antherâ minimâ effectâ, seu quandoquè polliniferâ. STYLUS glaber, summo ovario insidens. STIGMA subulato-conicum, obtusum. OVARIUM 3-lobum. Fructum non vidi.

Haud infrequens in campis australibus provinciæ *S. Pauli*, prope locum dictum *Capivari*. Floret Januario.

OBS. I. Des trois plantes que je rapporte au genre *Gaudichaudia*, il est incontestable que le *Gaudichaudia Guaranitica* lui appartient; car non-seulement les caractères de la fleur sont les mêmes dans cette plante et le *G. cynanchoïdes* Kunth (Nov. Gen. vol. v, p. 158), mais le port est également semblable, et je ne doute pas qu'un fruit pareil à celui de mon espèce ne se retrouve dans celle du Mexique. Comme les *G. linearifolia* et *sericea* sont différens par le port, et n'ont point des tiges grimpantes, on peut soupçonner que ces espèces ont un fruit également différent; mais, jusqu'à ce qu'on le connoisse, je pense qu'il faut les laisser parmi les *Gaudichaudia*, auxquels ils se rapportent par le caractère de la fleur. A la vérité l'ovaire du *G. sericea* porte le style à son sommet, tandis que les *G. cynanchoïdes* et *Guaranitica* ont un pistil gynobasique; mais je ne crois pas qu'ici l'on puisse fonder sur cette différence seule un caractère de genre, puisque le *G. linearifolia*, où l'ovaire est très-profondément divisé, forme une nuance intermédiaire entre ces plantes.

OBS. II. Ma description du *G. sericea* montre que la masse spongieuse et tuberculée qui surmonte les deux filets plus grêles porte tantôt une touffe de poils, tantôt une anthère presque avortée, et que par conséquent ce n'est autre chose qu'un connectif. Il est clair, d'après cela, que dans le *Camarea* les deux masses pétaloïdes qui remplacent autant d'anthères, comme on le verra plus bas, doivent être assimilées à des connectifs où un développement extraordinaire a fait avorter les anthères. Voilà déjà un trait frappant de ressemblance entre le *Gaudichaudia sericea* et les *Camarea;* mais il s'en rapproche encore par sa physionomie, et parce qu'il a quelquefois, quoique rarement, six étamines au lieu de cinq. Donc il peut être considéré comme formant le passage des *Gaudichaudia* aux *Camarea.*

Obs. III. Je dis dans ma description générale du genre *Gaudichaudia* que le cordon ombilical est épais, suspendu, et que l'ovaire qu'il porte à son extrémité se dresse et lui devient parallèle. J'ai retrouvé ce caractère fort remarquable dans une multitude de *Malpighiées* vivantes, et, quoiqu'il soit moins évident chez une couple d'espèces, je crois qu'il doit être indiqué comme l'un des plus importans de cette famille. C'est là ce que M. Richard appeloit un ovule *récliné.* Dans trois espèces de son ouvrage, M. Kunth a figuré ce même caractère avec une exactitude qu'on ne peut s'empêcher d'admirer, quand on songe qu'il n'avoit sous les yeux que des échantillons secs. S'il avoit eu à sa disposition des individus frais, il eût été certainement plus loin encore; il auroit reconnu que ce n'est pas l'ovule qui se replie dans son milieu pour former une espèce de crochet, mais que toute la partie descendante est le cordon ombilical, et que l'ovule est la partie dressée.

Obs. IV. Dans ma description du *G. Guaranitica,* je fais observer que ses étamines paroissent périgynes; M. Kunth semble avoir déjà conçu quelques doutes sur l'insertion des *Malpighia coccifera* et *punicifolia,* et j'ai trouvé dans la famille des *Malpighiées* une foule de nuances diverses d'insertion. Je me réserve à faire connoître cette anomalie dans un travail particulier, à l'expliquer, et à la faire rentrer dans la règle générale.

CAMAREA. †

Calyx 5-partitus vel 5-fidus, basi glandulosus; glandulis magnis, adnatis. Petala 5, hypogyna vel subperigyna, unguiculata, patula, subinæqualia. Stamina 6, ibidem inserta, glabra: tria filamentis ferè usque ad apicem coalitis; antheris dorso affixis, subrotundis, 2-locularibus, longitrorsùm internè dehiscentibus: tria basi vix connata, quorum intermedium fertile, et lateralia sterilia; massulâ petaloïdeâ, contortuplicatâ, antherarum vicem gerente. Stylus glaber, subulatus, receptaculo brevi, subconico insidens, lobis interpositus. Stigma terminale. Ovarium 3-coccum, coccis basi receptaculo hinc affixis, distinctissimis, approximatis, 1-spermis. Ovulum ad extremitatem funiculi penduli crassi erectum, eidemque parallelum. Cocca 3 vel abortione 2, indehiscentia, 1-sperma, rotundo-ovata,

20.

irregularia, dorso-cristata, lateribus cristato-rugosa. SEMINA 3 s. 2. PERISPERMUM O. EMBRYO rectus, umbilico parallelus : radicula supera : cotyledones inferæ, lineares.

SUFFRUTICES. FOLIA opposita vel rarissimè subalterna, integerrima. FLORES terminales umbellati, vel rarissimè solitarii axillares, flavi.

In honorem dixi D. MANOEL FERREIRA DA CAMARA BETHENCURT E SA adamantium Præfecti, scientiarum naturalium valdè intelligentis, qui me ægrotantem hospicio excepit, et cum paternâ benignitate curavit.

25. CAMAREA HIRSUTA. †

C. hirsuta; foliis lanceolatis, vel oblongo ovatove-lanceolatis, margine sericeis; floribus terminalibus, umbellatis; pedunculis villosis aut hirsutis.

CAULIS suffruticosus, 3-8 pol. longus, simplex, erectus, gracilis, densè hirsutus seu quandoquè villosus. FOLIA brevissimè petiolata, 10-16 l. longa, lanceolata seu oblongo ovatove-lanceolata, acutiuscula vel obtusiuscula, hirsuta, margine sericea, sæpiùs subtùs glauca. PILI plerique recti, circiter 2 l. longi, subulati, ex luteo virescentes; marginis foliorum medio affixi, adpressi, 2-acuminati. FLORES terminales, umbellati, pedunculati; umbellis 3-4 floris; pedunculis 8-12 l. longis, hirsutis villosisve, 2-bracteatis; bracteis minimis, alternis vel oppositis, quandoquè solitariis, scariosis, subulatis. CALYX receptaculo crasso carnosoque basi adhærens, 5-partitus, subinæqualis, villosus; divisurâ unâ ovatâ, obtusâ, basi 1-glandulosâ; 4 semi-ovatis, 2-glandulosis; glandulis crassis, ellipticis. PETALA subperigyna, aurea, subinæqualia; laminâ orbiculari, subintegrâ, apud petala 4 in unguem subdecurrente. OVARII COCCA ovato-angulosa, substriata, tuberculata, 1 loc., 1-sperma. Fructum non vidi.

Frequens in campis siccis arenosisve provinciæ *S. Pauli*, partisque australis provinciæ *Minas-Geraes*. Floret Februario, Martio.

26. Camarea affinis. †

C. hirsuta; foliis ovato-lanceolatis, acutis, nusquam sericeis; floribus terminalibus, racemosis umbellatisque; pedunculis glabriusculis.

Caulis suffruticosus, 7-10 pol. longus, simplex, erectus, hirsutus. Folia vix petiolata, approximata, caule subadpressa, 7-10 l. longa, ovato-lanceolata, acuta, hirsuta, nullibì sericea; nervo medio subtùs procminente marginibusque hirsutissimis; superiora gradatìm minora. Racemus terminalis in umbellam desinens. Pedunculi 1-flori, basi stipati bracteà caulinari et superiùs 4-bracteolati, glabri vel glabriusculi: bracteæ lineares, hirsutæ. Bracteolæ minutæ, lineari-lanceolatæ, obtusæ, scariosæ, villosæ. Pili plerique rigidi, circiter 3 l. longi, rufi; summi caulis, bracteolarum et calycis medio affixi. Calyx basi præcipuè villosus, 8-glandulosus. Petalum 1 manifestè brevius. Stylus ovariumque glaberrimi.

Crescit in pascuis siccis partis australis provinciæ *Minas-Geraes* in pascuisque provinciæ *S. Pauli* prope urbem *Thaubatè*. Floret Martio, Aprili.

27. Camarea sericea. †

C. foliis lineari-lanceolatis, acutis, angustis, omninò sericeis, nitidis; umbellis terminalibus.

Caulis suffruticosus, circiter 4 pol. longus, breviter ramosus, sericeus. Folia 10-14 l. longa, brevissimè petiolata, lineari-lanceolata, acuta, angusta, sericea, nitida, pilis obtecta numerosis, 2-acuminatis, medio affixis, lutescentibus; inferiora multò breviora, alterna. Flores terminales, umbellati, pedunculati; pedunculis sericeis, paulò infrà apicem 2-bracteatis; bracteolis minutis, oppositis, sericeis. Calyx sericeus, 5-partitus; divisuris, lanceolatis, acutis. Ovarium villosum. Non vidi fructum.

Crescit in campis provinciæ *Goyaz* prope civitatem *Villa-Boa*. Floret Julio.

28. Camarea axillaris. †

C. foliis lanceolatis, acutis, basi cordatis, villosis, patentibus; floribus solitariis, axillaribus.

Caules suffruticosi, ascendentes, 1-15 pol. longi, villosi, basi glabrati, ramosi. Folia 4-5 l. longa, lanceolata, acuta, basi cordata, margine revoluta, patentia; superiora subtùs villosissima. Flores in apice ramulorum axillares, solitarii, pedunculati; pedunculis folio longioribus, bracteolatis; bracteolis pluribus alternis, scariosis, subcaducis. Pili medio affixi, 2-acuminati, simplicibus intermixti. Calyx 5-partitus, villosus, subinæqualis; laciniis 4 ovatis, obtusis, 2-glandulosis; unâ lineari-obtusâ, nudâ. Petala dentata. Ovarium villosissimum. Fructus haud suppetit.

Inveni in campis arenosis prope pagum *Chapada* in *Minas-Novas*. Florebat Julio.

29. Camarea ericoides. Tab. XVIII. †

C. foliis parvis, linearibus, angustis, confertis; floribus umbellatis.

Radix crassa, lignosa. Caulis suffruticosus, sæpiùs solitarius digitalis et erectus, rariùs ascendens semipedalisque, ramosus, apice ramique villosi, quandoquè glabrati. Folia 3-6 l. longa, vix 1 ½ l. lata, linearia, acuta, margine revoluta, sericeo-villosa, quandoquè plùs minùsve glabrata. Flores umbellati vel subumbellati, rariùs solitarii axillares, pedunculati; pedunculis 10-18 l. longis, gracilibus, villosis vel glabratis, infra apicem 2-bracteolatis; bracteolis oppositis, lineari-ovatis, obtusis, canaliculatis, villosis. Pili adpressi, medio affixi, 2-acuminati. Calyx 5-fidus, basi villosus; divisuris, ovatis, obtusis, basi 2-glandulosis; glandulis carnosis, ellipticis. Petala suborbicularia, crenulata, subconcava, aurea. Ovarium glabrum, 9-costatum. Cocca 3-4 l. longa. Semen ovato-acutum, glabrum, dorso convexum, facie concavum. Radicula conica, obtusa, extremitatem seminis acutam efficiens.

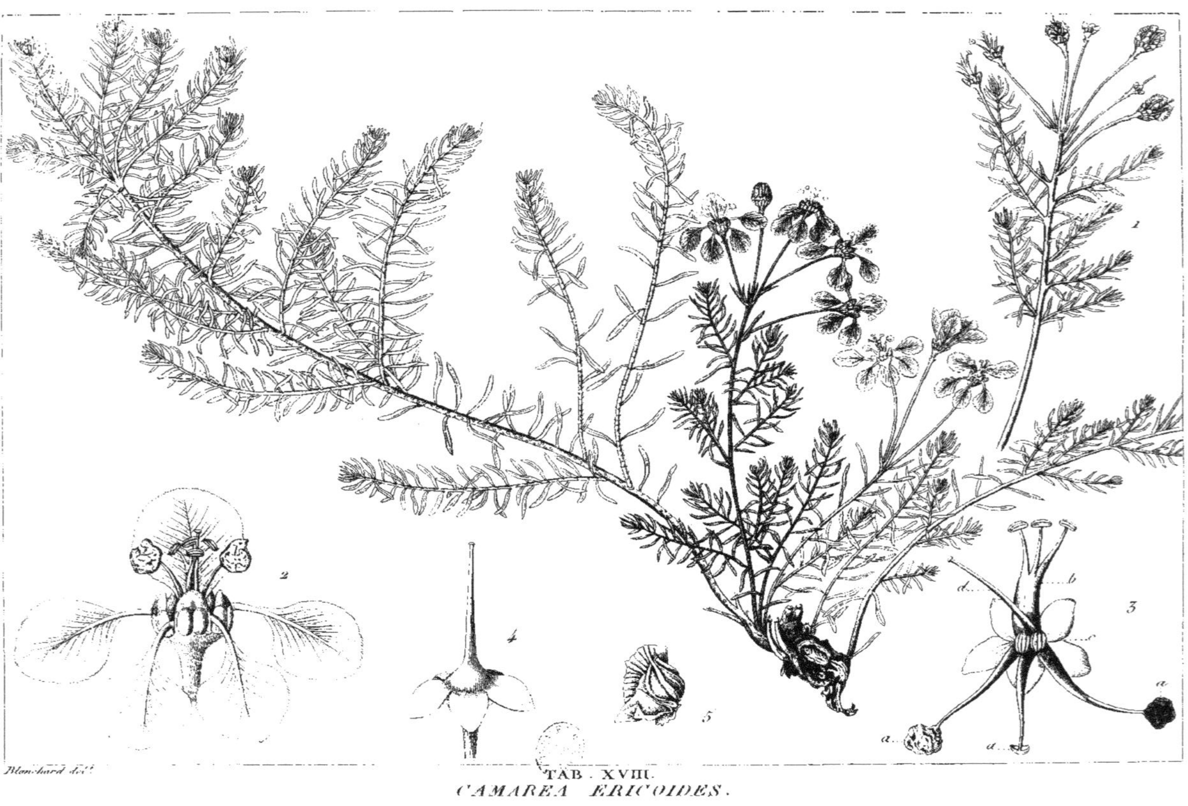

TAB. XVIII.
CAMAREA ERICOIDES.

In campis siccis altisque partis australis provinciæ *Minas-Geraes,* præsertim prope urbes *S. Joao-del-Rey* et *Barbacena;* alt. 3530 ped. (1).

30. Camarea linearifolia. †

C. foliis linearibus, subdistantibus; floribus umbellatis.

Radix crassa, lignosa. Caules circiter pedales, numerosi, patentes, ramosi, villosi. Folia breviter petiolata, linearia, acuta, 6-12 l. longa, margine revoluta, distantia, supra glabra; nervo intermedio subtùs proeminente, marginibusque et petiolis villosis. Pili adpressi, medio affixi, 2-acuminati. Umbellæ terminales, simplices, 3-5-flori, subirregulares, sæpiùs involucrati; involucro ex foliis composito, caulinis conformibus. Flores pedunculati; pedunculis filiformibus, glabriusculis, infra apicem 2-bracteolatis, 1-$\frac{1}{2}$ pol. longis, bracteolis oppositis, linearibus, obtusis, canaliculatis, scariosis, villosis. Calyx 5-partitus, basi crassus villosusque; laciniis oblongis, obtusis; unâ nudâ; 4 basi 2-glandulosis; glandulis orbiculari-ellipticis. Petala orbiculari-elliptica, dentata, staminaque subperigyna. Ovarium 3-coccum; coccis ovatis, acutis, compressis, dorso subcristatis.

Inveni in pascuis nuper crematis vulgò dictis *Quemada* (2), in provinciâ *Goyaz*, prope *S. Antonio-dos-Montes-Claros*. Julio florebat.

SCHMIDELIA. Kunth. (Carac. ref.)

Schmidelia et Alophyllus. Lin. — Aporetica. Forst. — Schmidelia, Alophyllus, Ornithrophe, Aporetica. Juss. — Schmidelia, Alophyllus, Ornitrophe, Pometiæ sp. Wild.

---

(1) *Voy.* Eschwegge's Brasilien.

(2) J'ai déjà fait, dans l'Introduction de cet ouvrage, connoître (p. xxxij) l'influence qu'ont sur la végétation ces incendies que l'on répète chaque année.

CALYX profundè quadripartitus, persistens; divisuris 2 interioribus, subpetaloïdeis, majoribus. PETALA 4 hypogyna, unguiculata, nunc squamâ intùs aucta, nunc esquamata (ex auct.), subunilateralia. GLANDULÆ 4 inter petala et stamina, seu quandoquè discus semi-orbicularis. STAMINA octo infra ovarium brevissimæ gynobasi inserta; filamentis liberis, subulatis; antheris 2-locularibus, intùs longitrorsùm dehiscentibus. STYLUS 12-fidus, gynobasi insidens, coccis interpositus; divisuris intus stigmaticis. OVARIUM 2-coccum; coccis gynobasi hìnc basi affixis, 1-loc., 1-sp.; ovulum erectum seu ascendens. DRUPÆ 2 exsuccæ, pisiformes, 1-spermæ, seu unica, alterâ abortiente.

ARBORES seu frutices. FOLIA alterna, ternata aut raró simplicia. RACEMI axillares, simplices aut compositi. FLORES parvi, subconglomerati, albi, hermaphroditi, seu rariùs fœminei masculis intermixti.

OBS. I. Les auteurs rangent ce genre dans la section des *Sapindacées* sans écailles. Cependant Forster avoit vu l'écaille dans l'espèce qu'il a appelée *Aporetica;* Kunth l'a observée dans les *Schmidelia occidentalis* et *glabrata;* enfin je l'ai reconnue dans toutes les espèces que j'ai examinées sur le frais. Il est donc à croire que, si l'on n'a point fait mention de ce caractère dans quelques espèces, c'est qu'il a échappé aux observateurs, à cause de la petitesse des objets; et il est clair, d'après cela, que le *Schmidelia* ne doit pas être placé parmi les *Sapindacées* sans écailles. Mais si réellement il existe des espèces qui n'en aient point, et d'autres qui en soient pourvues, alors il ne faudroit pas fonder les divisions de la famille sur ce caractère.

OBS. II. Ce n'est certainement pas au *Schmidelia* que doit être rapporté le *Vouarana* d'Aublet, qui peut-être cependant est une *Sapindacée.*

31. SCHMIDELIA GUARANITICA. † Tab. XIX, D.

S. foliis ternatis; foliolis apice grossè serratis, subtùs pubescentibus, intermedio petiolato, lanceolato, lateralibus ovato-lanceolatis; petiolo communi tomentoso; racemis simplicibus, folio multò brevioribus.

Arbor procera, ramosa; ramulis pubescentibus, junioribus tomentosis : quandoquè frutex. Folia alterna, petiolata, ternata : foliola apice grossè inæqualiterque serrata, suprà puberula, subtùs pubescentia; lateralia, subsessilia, ovato-lanceolata; intermedium petiolatum, lanceolatum, circiter 18 l. longum : petiolus communis, gracilis, tomentosus, foliis multò minor. Racemi axillares, simplices, folio minores, pedunculati : pedunculus filiformis, petiolo longior aut brevior. Flores minuti, masculi fœmineis intermixti, breviter pedicellati; pedicellis tomentosis, basi bracteolatis, superioribus sæpiùs simplicibus, inferioribus 2 seu 3-fidis, 2 seu 3-floris. Fl. masc. Calyx profunde 4-partitus; laciniis ciliatis, exterioribus 2, minoribus, ovatis, acutis, interioribus orbicularibus. Petala 4, unguiculata, subcuneiformia, obtusa, denticulata, infra apicem squamâ instructa rotundâ, descendente, barbatâ. Stamina 8, subsecunda; filamentis internè pilosis. Glandulæ 4 secundæ, aurantiacæ; oppositæ 2 duobus petalis, duæ cum iisdem alternantibus. Foem. Calyx, petala, glandulæ, staminaque masc.; sed antheræ effetæ videntur. Genitalia gynobasi brevi, villosæ insidentia. Stylus villosus, 2-fidus, lobis interpositus. Ovarium 2-coccum; coccis distinctissimis, ovatis, villosis, gynobasi hinc affixis, 1-loc., 1-sp. : ovulum erectum.

Nascitur in sylvis provinciæ dictæ *Missoes,* præsertim prope vicos *S. Miguel* et *S. Anjo*. Floret Martio.

EXPLICATION DES FIGURES.

Tab. IX. *Gomphia oleæfolia.*

Fig. 1. Pistil très-grossi. — *a* Rudimens des filets qui persistent, et qu'on a pris quelquefois pour des nectaires. — *b* Gynophore gynobasique. — *c* Style inséré entre les loges sur le sommet du gynophore. — *d* Ovaires à loges parfaitement distinctes entre elles et non chargées du style.

Tab. X. *Simaba floribunda.*

Fig. 1. Pétale très-grossi.

Fig. 2. Étamine très-grossie. — *a* Écaille du filet.

Fig. 3. Coupe verticale d'un des ovaires très-grossi. — *a* Ovule suspendu dans celui des angles de l'ovaire qui répond au centre de la fleur.

Tab. XI, A. *Simaba suaveolens.*

Fig. 1. Calice très-grossi.

Fig. 2. Pétale.

Fig. 3. Étamines réunies et paraissant 1-adelphes.

Fig. 4. Une étamine séparée. — *a* Écaille du filet.

Fig. 5. Filet de l'étamine avec son écaille.

Fig. 6. Pistil très-grossi. — *a* Gynophore. — *b* Style formé par la réunion des 5 qui terminent les ovaires. — *c* Ovaires rapprochés, mais distincts.

Fig. 7. *a* Deux des ovaires : on voit que chacun d'eux est parfaitement distinct.

Tab. XI, B. *Simaba trichilioides.*

Fig. 1. Fleur de grandeur naturelle.

Fig. 2. Étamine très-grossie. — *a* Écaille du filet.

Fig. 3. Pistil. — *a* Gynophore en forme de colonne. — *b* Style. — *c* Les 5 ovaires rapprochés, mais distincts.

Fig. 4. Coupe longitudinale d'un des ovaires montrant que l'ovule unique est suspendu.

Tab. XII. *Galipea heterophylla.*

Fig. 1. Calice très-grossi.

Fig. 2. Pétales et étamines très-grossis : on voit que les premiers sont inégaux ; que trois des étamines sont fertiles, et deux réduites à des filets stériles.

Fig. 3. Pistil grossi. — *a* Nectaire cupuliforme qui entoure les ovaires.

Tab. XIII. *Galipea pentandra.*

Fig. 1. Pétales et étamines grossis.

Fig. 2. Etamine détachée et très-grossie.

Fig. 3. Pistil. — *a* Nectaire. — *b* Style. — *c* Les 5 stigmates. — *d* Les 5 ovaires.

Fig. 4. Quatre des ovaires : ils sont distincts, mais rapprochés ; ils portent chacun un style, et les styles réunis n'en forment bientôt qu'un seul.

Tab. XIV, A. *Galipea pentagyna.*

Fig. 1. Bouton de grandeur naturelle.

Fig. 2. Fleur *id.*

Fig. 3. Pétales et étamines un peu grossis.

Fig. 4. Pistil. — *a* Les 5 styles parfaitement distincts. *b* — Nectaire.

Tab. XIV, B. *Galipea Fontanesiana.*

Fig. 1. Feuille de grandeur naturelle : elle est simple et son pétiole est renflé au sommet.

Fig. 2. Bouton de grandeur naturelle.

Fig. 3. Fleur de grandeur naturelle.

Fig. 4. Coque s'ouvrant en 2 valves du côté du centre de la fleur. — *a* L'endocarpe qui se détache lors de la déhiscence.

Fig. 5. Endocarpe 2-valve et séparé de la partie extérieure du péricarpe.

Fig. 6. Semence. — *a* Ombilic.

Fig. 7. Embryon dépouillé de son tégument.

Fig. 8. Embryon développé artificiellement pour faire voir la forme du cotylédon et de la radicule : celle-ci dans l'état naturel est repliée sur le milieu du cotylédon intérieur très-chiffonné dont la figure montre une des faces.

Tab. XIV, C. *Galipea Candolliana.*

Fig. 1. Feuille simple à pétiole renflé au sommet : figure de grandeur naturelle.

Fig. 2. Fleur développée : figure double de la grandeur naturelle.

Fig. 3. *Id.* incomplétement développée : *id.*

Fig. 4. Calice très-grossi.

Fig. 5. Pétales et étamines très-grossis.

Fig. 6. Nectaires et pistils très-grossis.

Fig. 7. *a* Quatre des ovaires : on voit par cette figure qu'ils sont distincts, que chacun se termine par un style, et que les styles se soudent bientôt en un seul.

Tab. XIV, D. *Ticorea jasminiflora*.

Fig. 1. Fleur de grandeur naturelle.

Fig. 2. Bouton développé très-grossi : il offre deux étamines fertiles et 5 stériles : mais ce nombre varie de 5 à 8.

Fig. 3. Calice très-grossi.

Fig. 4. Les étamines fertiles et une stérile détachées. — *a* Les filets. — *b* Les anthères. — *c* Appendices du connectif : on les a relevés artificiellement pour montrer qu'ils n'appartiennent pas au filet, mais à l'anthère. — *d* La glande qui dans les étamines stériles remplace l'anthère.

Fig. 5. Anthères et appendices du connectif très-grossis.

Fig. 6. Pistil grossi. — *a* Nectaire entourant l'ovaire. — *b* Style. — *c* Stigmate oblique tuberculeux. — *d* Ovaire unique et simplement lobé.

Fig. 7. Coupe de l'ovaire très-grossi.

Tab. XV. *Almeidea lilacina*.

Fig. 1. Pétale de l'*Almeidea lilacina* de grandeur naturelle.

Fig. 2. Étamine grossie de la même espèce.

Fig. 3. Pistil grossi de la même espèce. — *a* Nectaire. — *b* Style. — *c* Stigmate. — *d* Ovaire unique à lobes séparés jusqu'à l'axe central.

Fig. 4. Coupe de l'ovaire grossi de la même espèce. — *a* Ovules ; le supérieur ascendant, l'inférieur suspendu.

Fig. 5. Coque s'ouvrant en deux valves du côté du centre de la fleur (cette figure appartient, comme les deux suivantes, à l'*Almeidea rubra*).

Fig. 6. Endocarpe devenu libre après la déhiscence et se séparant en deux valves.

Fig. 7. Semence. — *a* Faux arille scutelliforme : il doit son origine à une portion de l'endocarpe, à laquelle la semence est attachée, et qui se sépare du reste de l'endocarpe, lequel est crustacé.

Tab. XVI. *Pilocarpus spicata*.

Fig. 1. Fleur considérablement grossie. — *a* Gynophore discoïde. — *b* Les 5 ovaires très-petits enfoncés par leur base dans le gynophore. — *c* Stigmate : il paraît sessile, parce que les 5 styles attachés au sommet de l'ovaire et resserrés entre eux ne peuvent être vus sans qu'on écarte ceux-ci.

Fig. 2. Figure très-grossie. — *a* Les styles : ils sont naturellement distincts mais rapprochés et seulement soudés au sommet ; on les a écartés artificiellement pour faire voir leur point d'attache au-dessous du sommet de l'ovaire à l'angle de celui-ci qui répond au centre de la fleur. — *b* Stigmate conique et à 5 lobes. — *c* Deux des ovaires.

Fig. 3. Styles écartés artificiellement et surmontés du stigmate. — *a* Base des styles.

Fig. 4. Un seul des ovaires très-grossi.

Fig. 5. Coupe verticale de l'ovaire 1-sperme très-grossi.

Fig. 6. Coque très-grossie et à la base de laquelle sont attachées les autres coques avortées.

Fig. 7. Coque de grandeur naturelle.

Fig. 8. Figure très-grossie appartenant au *Pilocarpus racemosa* (Wahl) : elle représente l'ovaire coupé horizontalement au point où les ovaires soudés par leur base s'enfoncent dans le gynophore, et elle montre que cette espèce a des ovaires 2-spermes.

Tab. XVII. *Spiranthera odoratissima.*

Fig. 1. Pétale.

Fig. 2. Étamines chargées de l'anthère, telle qu'elle est après l'ouverture de la fleur.

Fig. 3. Anthère vue de côté, telle qu'elle est dans le bouton : elle s'est déjà ouverte pour laisser échapper le pollen.

Fig. 4. Anthère tirée du bouton et vue de face : elle est déjà ouverte.

Fig. 5. Calice, nectaire et pistil. — *a* Calice. — *b* Nectaire. — *c* Ovaire. — *d* Style. — *e* Stigmate.

Fig. 6. Ovaire et pistil. — *a* Calice : on en a rabattu une portion pour faire voir le nectaire dans son entier. — *b* Nectaire. — *c* Ovaire.

Fig. 7. Figure destinée à montrer le gynophore. — *c* Gynophore. — *d* Ovaire.

Fig. 8. Coupe d'une loge de l'ovaire. — *a* Ovule, l'un ascendant, l'autre suspendu.

Tab. XVIII. *Camarea ericoides.*

Fig. 1. Un individu en fruit à tige droite et solitaire.

Fig. 2. Fleur très-grossie.

Fig. 3. Fleur très-grossie où trois des divisions du calice ont été renversées pour laisser voir les étamines et l'ovaire. — *a* Les trois étamines libres, dont une intermédiaire fertile et deux latérales terminées par une masse chiffonnée et pétaloïde. — *b* Les 3 étamines soudées et fertiles. — *c* Les loges de l'ovaire rapprochées et parfaitement libres. — *d* Le style.

Fig. 4. Style : on voit par cette figure qu'il est inséré sur le réceptacle et non sur les lobes.

Fig. 5. Fruit.

Tab. XIX, A. *Zanthoxylum monogynum.*

Fig. 1. Feuille de grandeur naturelle.
Fig. 2. Fleur femelle très-grossie. — *a* Rudimens d'étamines.
Fig. 3. Fleur mâle, *id.*
Fig. 4. Fleur femelle à deux pistils. — *a* Rudimens d'étamines.

Tab. XIX, B. *Gaudichaudia guaranitica.*

Fig. 1. Feuille de grandeur naturelle avec son pétiole chargé de deux glandes.
Fig. 2. Fleur très-grossie.
Fig. 3. Fruit.
Fig. 4. Pistil accompagné du calice seulement. — *a* Style sans son stigmate. — *b* Loges velues et parfaitement distinctes.
Fig. 5. *a*. Calice. — *b* Une seule des loges de l'ovaire : on voit qu'elle devoit être absolument indépendante des deux autres. — *c* Style : il n'est point porté sur les loges, mais sur un véritable gynobase. — *d* Stigmate.

Tab. XIX, C. *Gaudichaudia sericea.*

Fig. 1. Feuille de grandeur naturelle.
Fig. 2. Fleur grossie.
Fig. 3. Ovaire simplement 3-lobé portant le style. — *a* Ovaire. — *b* Portion du style.

Tab. XIX, D. *Schmidelia guaranitica.*

Fig. 1. Feuille de grandeur nautrelle avec une grappe de fleurs dans son aisselle.
Fig. 2. Très-grossie. — *a* Les glandes.
Fig. 3. Pétale détaché : on voit qu'il est muni d'une écaille.

OBSERVATIONS

SUR

LA FAMILLE DES RUTACÉES.

Pendant que je m'occupois à rédiger ma dissertation physiologique sur le *Gynobase* considéré dans les polypétales, MM. Nees von Esenbeck et Martius préparoient un mémoire descriptif sur les *Rutacées*, et ils y faisoient entrer les caractères des espèces de cette famille que le dernier de ces savans a recueillies en Amérique. Je m'étois proposé un but entièrement différent du leur; mais comme j'ai cru ne pas devoir indiquer par des noms seulement les plantes sur lesquelles j'avois fait mes observations, il s'est trouvé que M. Martius et moi, chacun de notre côté, nous décrivions et faisions figurer, dans le même temps, quelques-unes des mêmes plantes. Mon mémoire, communiqué depuis fort long-temps à l'Académie des Sciences avec les figures qui l'accompagnent, étoit déjà imprimé en très-grande partie et extrait dans les journaux, quand j'ai eu connoissance de l'écrit de ces messieurs. Si le mien eût été achevé moins promptement, je me serois empressé d'adopter ceux des noms proposés par MM. N. et M., qui s'accordent avec les travaux des auteurs plus anciens; la loi de l'antériorité m'en auroit fait un devoir, et il m'eût été bien facile de le remplir, car je ne crois pas que l'on puisse attacher quelque importance à des mots, lorsque s'étant livré à l'étude des plantes, on a su en goûter tous les charmes, et lorsqu'on en connoît le véritable but.

Rien au reste ne pouvoit être plus flatteur pour moi que de m'être rencontré sur tant de points avec des hommes aussi distingués que MM. Nees von Esenbeck et Martius. Cet heureux accord donne à mes observations une sanction qui ne me permet plus de doutes sur leur exactitude, et dont je dois sentir vivement tout le prix. Si je suis entré dans quelques détails que l'on ne retrouve point dans l'ouvrage des deux savans, tels que ceux qui sont relatifs à la distinction des ovaires dans les *Cuspariées*, la manière dont les ovules sont attachés, etc., cela tient à ce que m'étant déjà beaucoup occupé, avant de quitter l'Europe, de la modification d'organe appelée *gynobase*, j'ai dû nécessairement, pendant mon séjour au Brésil, examiner avec scrupule les plantes où l'on pouvoit la soupçonner. Nous n'aurions fait sans doute que nous répéter sur tous les points, si M. Martius s'étoit proposé le même objet que moi.

Je crois qu'ayant encore présent à la mémoire tous les faits consignés dans ma dissertation, je pourrai me rendre utile en traçant la synonymie des plantes que nous avons décrites, M. Nees et moi; je ferai voir combien nos observations se ressemblent, lorsque nous avons traité le même sujet, et je montrerai combien nous nous accordons sur le fond, lors même que nous paroissons quelquefois différer par l'expression.

Fraxinellæ (Act. cur. vol. II, p. 149). De la famille des *Rutacées*, telle qu'elle est conçue aujourd'hui par MM. de

Jussieu, Desfontaines, de Candolle et Kunth (1), MM. Nees et Martius forment trois familles distinctes, les *Fraxinellæ* (2), les *Diosmées*, les *Zanthoxylées*; et en même temps ils paroissent vouloir exclure tout à la fois de ces trois familles le *Ruta* et le *Peganum*, car ils ne font aucune mention de ces genres dans le cours de leur mémoire. Il est malheureusement arrivé aux deux botanistes allemands, pour les écrits de MM. de Candolle et Kunth, ce qui m'est arrivé à moi-même pour leur propre ouvrage; ils ont travaillé sur un sujet qui, dans le même moment, étoit traité, sans qu'ils le sussent, par l'illustre professeur de Genève et par l'auteur du *Nova genera*. Si M. Nees von Esenbeck et M. Martius avoient eu connoissance du mémoire de M. de Candolle sur les *Cuspariées*, ils auroient reconnu qu'il n'y a aucune raison pour rejeter le nom de *Rutacées* admis depuis B. de Jussieu par tous les sectateurs des rapports naturels. Si, d'un autre côté, ils avoient pu consulter le volume de l'ouvrage de M. de Humboldt où sont décrites les Rutacées, ils auroient vu que M. Kunth, qui a su comparer les plantes avec tant de soin, a cru que les genres de la famille dont il s'agit, se nuançoient par des dégradations trop peu sensibles pour qu'on la divisât en différentes sections (3). Je pense cependant, comme je l'ai dit dans le cours de mon mémoire, que l'on peut sans inconvénient conserver comme simple tribu le groupe

(1) C'est-à-dire en excluant, sous le nom de *Zygophyllées*, la première section du *Genera* de Jussieu.

(2) Probablement pour *Fraxinelleæ*.

(3) M. Kunth, il est vrai, donne à la famille des *Rutacées* le nom de *Diosmées*; mais il n'y a que le nom de changé.

des *Cuspariées ;* mais il me semble en même temps qu'il n'y a plus ensuite de divisions admissibles, et l'écrit des savans allemands va bientôt me fournir de nouvelles preuves de cette vérité. Ces messieurs ont cru que leur famille des *Diosmées* différoit de leurs *Fraxinellæ* (p. 17), par des *pétales généralement plus courts;* par *une préfloraison plutôt roulée en dedans* (involuta) *qu'imbriquée ;* par *la position régulière des étamines et des pétales ;* par *des anthères versatiles* (incumbentes)*; un fruit le plus souvent solitaire ;* par *les valves des coques entières et non 2-fides ; les réceptacles propres des semences nuls et non membraneux ;* par *le trophosperme ;* enfin par *le port* et par *la couleur des fleurs.* 1°. Il est bien naturel que quand toutes les parties d'une fleur sont plus petites, les pétales suivent la même proportion; aussi la différence de grandeur dans la corolle n'a-t-elle jamais été regardée comme un caractère de famille; d'ailleurs les fleurs du *Correa*, etc., ne sont pas assurément plus petites que celles, par exemple, du *Rauia resinosa* N. et M., et du *Galipea Fontanesiana.* 2°. MM. Nees et Martius n'attachent probablement pas aux mots de préfloraison *imbriquée*, le même sens que l'auteur de la Théorie; mais j'ose dire que ce caractère, tel que l'a conçu M. de Candolle, ne se trouve dans aucune de leurs *Fraxinellæ*. Dans aucun cas, au reste, la préfloraison ne pourroit servir pour distinguer ce groupe; car elle est *valvaire* (Br. Dec.) dans le *Pilocarpus ;* elle est *quinconciale* (Dec.) dans le *Galipea*, le *Ticorea*, le *Spiranthera*, l'*Almeidea*, et je la retrouve telle dans le *Zanthoxylum monogynum ;* c'est-à-dire, qu'un des pétales y est entièrement découvert, que trois autres ont un de leurs bords caché par les pétales voisins, et qu'enfin le cinquième intérieur n'a de découvert qu'une foible partie de son milieu. 3°. Quoique placés parmi les *Fraxinellæ,* les genres *Pilocarpus, Spiranthera* et *Almeidea* ont cependant des étamines évidemment hypogynes et alternes avec les pétales; par conséquent la position de ces étamines n'est pas moins régulière que celle des organes mâles du *Diosma* ou du *Correa;* et même dans les *Galipea* les plus irréguliers, on peut reconnoître encore qu'avec une insertion hypogyne, il existe des étamines alternes avec les pétales. 4°. Des anthères versatiles (*incumbentes*) sont un caractère bien foible pour distinguer une famille, et les deux auteurs eux-mêmes en ont reconnu le peu d'importance; car tout en attribuant aux *Fraxinellæ* des anthères non versatiles, ils rangent, au milieu de ces plantes, le *Pilocarpus* auquel ils reconnoissent des anthères versatiles (p. 176). 5°. L'adhérence des loges du fruit présente toutes les nuances possibles dans les *Fraxinellæ* et dans les *Diosmées.* Je ne répéterai point les détails dans lesquels je suis entré à cet égard dans ma dissertation; mais je suis assez heureux pour en trouver la confirmation dans les descriptions mêmes de MM. Nees et Martius. L'espèce de *Ticorea* qu'ils appellent *Sciuris bracteata* a seulement cinq angles (p. 157) à son ovaire; et celui du *Monniera* n'offre que cinq sillons (p. 164); le *Ticorea jasminiflora* (*Sciuris multiflora* N. et M.) est décrit par les deux auteurs comme étant légèrement 5-lobé; les lobes paroissent plus prononcés dans l'*Erytrochiton Brasiliensis* (p. 167); le *Rauia resinosa* (espèce de *Galipea*), et tout le genre *Almeidea* (*Aruba* N. et Mart. non Aub.

p. 173) sont indiqués comme ayant cinq coques, et enfin le *Diglottis racemosa*, comme offrant cinq ovaires parfaitement distincts (p. 170). 6°. Les deux valves des coques sont aussi peu 2-fides dans celles des *Cuspariées* où je les ai observées que dans les *Diosmées* des deux savans allemands, et dans toutes leurs figures de *Cuspariées* je trouve les coques parfaitement représentées, c'est-à-dire, à valves simples, et telles en un mot qu'on les voit dans leurs *Diosmées*. 7°. Il n'y a pas plus de réceptacle proprement dit dans les *Fraxinellæ* que dans les *Diosmées* des deux auteurs, et ce qu'ils appellent le réceptacle propre n'est, comme eux-mêmes l'ont très-bien soupçonné (p. 159), qu'une portion de l'endocarpe. 8°. Après avoir dit que le placenta est nul chez les *Diosmées*, MM. Nees et Martius leur attribuent un *trophosperme* en forme de crète. Comme le mot *trophosperme* est celui que Richard vouloit substituer au mot *placenta* (Voy. Ann. Fr., p. 17, 18 et 111), je présume qu'il y a dans cet article quelque faute d'impression qui m'empêche de le bien saisir. 9°. Il me semble que toutes les *Diosmées* de M. Nees sont loin d'avoir la physionomie des bruyères, et même il en est quelques-unes dont les feuilles sont assez larges, molles et laineuses. En général, le port qui a tant de valeur dans les familles en groupe (Mirb.) en a bien peu dans celles par enchaînement, et ainsi l'*habitus* du *Borronia pinnata*, du *Diplolæna Dampieri* ou du *Correa alba*, n'est guère celui des *Diosma*, comme aussi le port de la *Fraxinelle* ou du *Monniera* ressemble bien peu à celui de l'*Almeidea lilacina* ou du *Galipea macrophylla*. 10°. Je trouve dans les *Fraxinellæ* des fleurs tantôt blanches ou verdâtres, tantôt roses, lilas, bleues, rouges ou couleur de chair, et par conséquent il me semble que la couleur ne les distingue guère du groupe des *Diosmées*.

P. 184. Les savans auteurs ne trouvent de différences notables entre leurs *Diosmées* et leurs *Zanthoxylées* que celle de l'*habitus*, et une autre qui consisteroit en ce que les semences des *Diosmées* sont supendues, suivant eux, au sommet de la loge, tandis que le cordon ombilical naîtroit de la base de la coque dans les *Zanthoxylées*. 1°. Les différences de port n'ont, comme je l'ai dit, presque aucune valeur dans les familles par enchaînement, et sans sortir des *Zanthoxylées*, il me semble que le *Zanthoxylum monogynum*, l'*Evodia febrifuga* et le *Z. pterota* n'ont guère de ressemblance. 2°. Les observations des deux auteurs sur la manière dont les ovules sont attachés dans leurs *Diosmées* et leurs *Zanthoxylées* sont extrêmement intéressantes; car, différant extrêmement de celles de M. Kunth et des miennes, elles tendent à prouver que les caractères qui résultent du mode d'adnexion sont singulièrement variables dans les plantes qui nous occupent, et que par conséquent ils n'ont aucune valeur pour aider à diviser le groupe des *Rutacées*. Ainsi M. Kunth a vu dans le *Zanthoxylum*, le *Choisya* et l'*Evodia*, des ovules attachés à l'axe central, et j'ai moi-même retrouvé ce caractère dans le *Ruta angustifolia* et le *Diosma rubra*; j'ai vu de jeunes semences axiles et péritropes dans l'*Evodia febrifuga*; péritropes et pariétales dans le *Zanthoxylum monogynum*; pariétales et suspendues dans les *Zanthoxylum hyemale* et *sorbifolium* N.; et enfin voilà des ovules attachés au fond de la loge dans les espèces de *Zanthoxylées* que MM. Nees et Martius ont observées Ce qui achève au reste de prouver que les *Rutacées* actuelles ne peuvent être partagées en diverses familles, et qu'on doit tout au plus y laisser subsister les *Cuspariées* comme tribu, c'est que MM. Nees et Martius placent le *Pilocarpus*, le *Dictamnus* et le *Calodendrum* avec les *Cuspariées*, et M. de Candolle dans sa section des *Diosmées*; et qu'enfin ce dernier range également l'*Evodia* au milieu des *Diosmées*, et MM. Nees et Martius parmi les *Zanthoxylées*.

P. 150. Ces messieurs partagent leurs *Fraxinellæ* en deux sections, ceux à fleurs pseudo-monopétales et les espèces à fleurs 5-pétales. Mais on voit, comme je l'ai dit, tous les degrés d'adhérence dans les fleurs des *Cuspariées*; l'on ne sait même quelquefois si l'adhérence provient d'une véritable agglutination ou de ce que les poils sont feutrés les uns avec les autres; et si l'on admettoit les sections proposées, il faudroit séparer les espèces les plus voisines, telles que mes *Galipea Candoliana* et *Fontanesiana*. Les savans auteurs achèvent, au reste, de prouver qu'il n'y auroit pas de limites entre les deux sections, car ils reconnoissent que dans leur *Diglottis* placé parmi les polypétales, les parties de la corolle adhèrent fortement à la base (*petalis basi arctè cohærentibus*), et que dans leur *Rauia* elles adhèrent par le moyen des poils. Ce qui démontre aussi qu'eux-mêmes n'attachent aucune importance aux sections qu'ils indiquent, c'est qu'ils mettent le *Ticorea* parmi les polypétales, et ce *Ticorea*, identique avec leur *Sciuris*, est, de tous les genres de *Cuspariées*, celui où l'on peut le moins distinguer la soudure des pétales, comme l'on peut s'en convaincre par les échantillons authentiques du *T. longiflora* conservés dans les herbiers de Paris.

P. 149. Ces messieurs, dans la description générale de leurs *Fraxinellæ*, attribuent aux plantes de ce groupe un réceptacle en forme d'écaille. Ce réceptacle, que M. Kunth a très-bien décrit sous le nom d'arille dans le *Monniera*, n'est autre chose, comme je l'ai démontré, que la portion amincie de l'endocarpe, la plus voisine de l'ombilic, et qui, lors de la déhiscence, se détache du corps auquel elle appartient, pour rester adhérente à la graine. Au reste, MM. Nees et Martius, tout en se servant ici du mot de réceptacle, ont cependant reconnu la véritable nature de cette partie du fruit, et eux-mêmes confirment ce que j'ai avancé à cet égard, car ils disent positivement (p. 159) que cette même partie *n'est point une expansion du trophosperme*, c'est-à-dire, du réceptacle, mais qu'elle appartient au fruit. Ils vont plus loin encore, car pour démontrer que ce prétendu réceptacle n'est pas un arille, ils apportent une preuve semblable à celle que j'ai donnée, savoir, que dans l'*Erythrochiton*, deux semences dépendent du même réceptacle; et enfin en décrivant leur *Rauia* (p. 168), ils disent expressément qu'une partie du péricarpe voisine de l'ombilic, figure, en se détachant, un trophosperme en forme d'écaille.

P. 149. En traçant les caractères généraux des *Fraxinellæ*, les deux auteurs leur donnent un périsperme; mais il est évident qu'alors ils avoient en vue le *Dictamnus*; car ils n'attribuent aucun périsperme au *Galipea macrophylla* (*Conchocarpus macrophyllus*) (p. 161), ni à l'espèce d'*Al-*

meidea qu'ils nomment *Aruba acuminata* (p. 175), et par conséquent, ils sont d'accord avec moi sur l'absence du périsperme dans ces deux genres. Je sais que dans la description générale des mêmes genres, ils leur donnent un périsperme mince (p. 173) ou extrêmement mince (p. 159); mais puisqu'ils ne parlent plus de périspermes dans leurs descriptions particulières, il est clair qu'ils ont seulement voulu exprimer un soupçon inspiré par l'analogie et mettre les caractères généraux des deux genres, autant que possible, en harmonie avec ceux de la famille dans laquelle ils avoient indiqué un périsperme épais. Je sais encore que ces messieurs attribuent un périsperme au genre *Monniera*; mais ici ils auront suivi Richard, et, s'il s'est trompé cette fois-ci, il n'en est pas moins incontestable qu'on ne sauroit trop louer les botanistes qui choisissent un tel guide.

P. 149. Ce n'est pas seulement sur l'absence du périsperme dans le *Galipea* et l'*Almeidea* que mes observations sont confirmées par celles de ces messieurs; ils ont aussi vu les cotylédons chiffonnés et embrassés l'un par l'autre dans le *Galipea* (p. 161) et dans l'*Almeidea* (p. 185); et, comme M. Kunth et moi, ils les ont trouvés planes dans le *Monniera*.

P. 150. Avec M. Kunth, j'ai dit, dans ma Dissertation, que la radicule du *Monniera*, se dirigeant vers l'ombilic, étoit repliée sur l'un des cotylédons, et que ce même cotylédon étoit, avec elle, enveloppé par l'autre; j'ai ajouté que ces caractères se retrouvoient dans le *Galipea Fontanesiana*, et je les ai aussi indiqués dans l'*Almeidea*. MM. Nees et Martius s'accordent avec nous sur la direction de la radicule dans le *Monniera*; mais eux et moi nous différons pour les caractères de cet organe dans le *Galipea* et l'*Almeidea*. Cependant comme il y a quelque divergence dans leurs propres descriptions, il est clair qu'il se sera glissé des fautes d'impression dans cette partie de leur ouvrage. En effet, il est dit, dans les caractères généraux de leur famille des *Fraxinellæ,* que la radicule est centripète et supérieure (p. 149); dans la description générale du *Conchocarpus* (p. 59) qu'elle est supérieure et latérale, et dans la description particulière du *C. macrophyllus* qu'elle est centrifuge et horizontale (p. 167). Je crois, en général, qu'avec Richard, Brown, de Candolle et Kunth, il seroit bon de renoncer entièrement à ces expressions de radicule *latérale et horizontale*, *centripète et centrifuge* qui ne présentent que des idées vagues et obscures, lorsqu'aujourd'hui la carpologie est devenue si claire par les observations profondes de l'illustre auteur de l'Analyse du fruit.

P. 149, 159, 163, 165, 173. Un point sur lequel M. Kunth et moi nous différons des deux auteurs, c'est la direction de l'embryon dans la graine; mais il est probable que partout où MM. Nees et Martius avoient écrit *embryo incurvus,* quelque copiste aura substitué *embryo inversus*. En effet, un embryon *inverse* ou, si l'on veut, dirigé en sens contraire de la semence, est celui où les cotylédons aboutissent à l'ombilic (antitrope Rich.). Ces embryons généralement rares, comme l'a dit Richard père avec juste raison, ne sauroient se rencontrer dans les semences du *Monniera,* du *Galipea,* de l'*Almeidea* et du *Pilocarpus;* car l'ombilic y correspond à la moitié ou environ du grand diamètre de la graine, et pour que, dans ce cas, les cotylédons aboutissent à l'ombilic, il faudroit que l'embryon occupât le petit diamètre de la semence; mais comme il n'y a pas ici de périsperme, comment seroient remplis les deux bouts de la graine? Il est une loi carpologique, fondée sur les principes de la géométrie la plus simple, et que je ne puis m'empêcher d'indiquer ici: *Lorsqu'il n'existe point de périsperme et que l'ombilic répond à peu près à la moitié du grand diamètre d'une graine plus longue que large, l'embryon, s'il est droit, se trouve parallèle au plan de l'ombilic* (comme dans le *Pilocarpus*), *ou bien s'il est courbé, la radicule regarde l'ombilic,* comme M. Kunth et moi nous l'avons vu dans le *Monniera*, et comme je l'ai vu en particulier dans le *Galipea Fontanesiana* et dans l'*Almeidea rubra.*

P. 153, 154. Ces messieurs confirment entièrement ce que j'ai dit dans mon mémoire, sur la nécessité de réunir le *Galipea* et le *Raputia*. Eux-mêmes effectuent cette réunion, et vont encore plus loin, car les plantes qu'ils décrivent sous le nom de *Sciuris*, sont des *Ticorea*, genre que M. Kunth et Richard soupçonnent effectivement devoir être rapporté au *Galipea.* On pourroit dire que les trois espèces décrites par MM. Nees et Martius présentant à peu près les mêmes irrégularités dans leurs fleurs, devroient constituer un genre différent tout à la fois du *Galipea* dont elles n'ont pas la corolle et du *Ticorea* Aub., qui a des étamines toutes fertiles. Mais pour former un genre, il faut bien consulter la valeur de chaque caractère dans la famille à laquelle il appartient; or, par le *Galipea* où les espèces les plus voisines ont des étamines toutes fertiles ou en partie stériles, il est bien évident que dans les *Cuspariées* l'avortement de quelques étamines est sans valeur comme caractère générique. Quoi qu'il en soit, si, avec ces messieurs, l'on conserve le genre *Ticorea*, comme je crois qu'on peut le faire, il est clair que la longueur du tube de la corolle exige qu'on y réunisse mon *Ticorea jasminiflora* (*Sciuris multiflora* N. et M.) et les *Sciuris bracteata* et *simplicifolia* N. et M. Le *Raputia* d'Aublet qui n'a qu'un tube très-court, comme les autres *Galipea*, doit rester avec eux, et l'antériorité exige qu'on préfère ce nom à celui de *Sciuris*.

P. 155. *Sciuris multiflora*. Cette espèce est mon *Ticorea jasminiflora*. Il est vrai que MM. Nees et Martius attribuent à leur plante des fleurs sessiles, qu'ils ne disent rien des petites bractées, et qu'ils placent une fleur dans la dichotomie des rameaux; mais ces différences sont peu essentielles, et la figure de ces messieurs ainsi que leurs descriptions prouve l'identité de leur plante et de la mienne. L'on sait d'ailleurs combien sont sujettes à varier les espèces équinoxiales; ainsi, par exemple, sans sortir de ce qui regarde le *T. jasminiflora*, ces messieurs le distinguent de leurs autres espèces par des panicules droites, et j'en ai trouvé tout à la fois des individus à panicules droites et d'autres à panicules penchées. Quant aux *Ticorea*, appelés par les deux auteurs *Sciuris bracteata* et *simplicifolia*, ce sont des espèces entièrement nouvelles, et l'on doit à ces messieurs d'en avoir enrichi la science.

P. 158. *Conchocarpus*. Quoique MM. Nees et Martius aient conservé ce genre, ils ont dans la réalité démontré mieux que moi encore la nécessité de le réunir au *Galipea*, puisqu'ils ont placé dans ce dernier genre les *Ticorea jasminiflora, bracteata, simplicifolia* qui en diffèrent bien davantage. La forme de la fleur dans le *Conchocarpus* se nuance avec celle de mes *Galipea,* ceux d'Aublet et de de Candolle; les étamines stériles et fertiles sont absolument semblables, et le *Conchocarpus cuneifolius* N. et M., qu'il faudra appeler *Galipea cuneifolia*, est une espèce entièrement nouvelle dont la découverte appartient à M. Martius.

P. 165. *Erytrochiton.* Ce genre nouveau, non-seulement doit être conservé, mais, par la grandeur de son calice, il sera l'un des plus remarquables de la tribu des *Cuspariées.*

P. 169. *Rauia.* Si les observations de MM. Nees et Martius prouvent qu'il faut réunir le *Conchocarpus* au *Galipea,* à plus forte raison démontrent-elles qu'il n'en faut pas séparer le *Rauia,* car ses caractères ont encore, s'il est possible, plus d'identité avec ceux de ce dernier genre, comme on peut s'en convaincre par la comparaison de leurs figures, des miennes, et de celle du *G. Ossana* Dec. (Mém. Mus. vol. 8, p. 149). A la vérité, ces messieurs placent le *Galipea* dans leur section des *Fraxinellæ* à pétales soudés et le *Rauia* parmi les genres à pétales non soudés; mais comme ils disent ensuite (p. 167) que la corolle de ce dernier est soudée à la base, et ailleurs qu'elle est soudée par le moyen des poils, ils prouvent par là même ce que j'ai déjà démontré dans ma dissertation, savoir, que le degré d'adhérence n'a aucune valeur dans les *Galipea.* Je puis encore ajouter ici qu'elle varie dans la même fleur à différentes époques; que très-forte dans le bouton, elle diminue lors de l'épanouissement et qu'ensuite elle devient quelquefois nulle à la chute de la corolle. Quant aux étamines, leur insertion est semblable dans tous les *Galipea;* elles y sont constamment hypogynes, et lors même qu'elles sont soudées avec les pétales, on peut facilement les suivre jusqu'à la base de ces derniers, comme on peut le voir non-seulement par mes figures, mais encore par celles du *G. Ossana.* Il est évident par conséquent que si MM. Nees et Martius ont admis le genre *Rauia*, c'est qu'ils l'ont trouvé indiqué dans les notes de M. le prince de Neuwied qui, se livrant avec un si grand succès à l'étude de l'ornithologie, ne pouvoit s'occuper de tous les détails de la botanique. Quoi qu'il en soit, le *Galipea resinosa* (*Rauia resinosa*, N. et M.) doit être intercallé auprès du *G. Candoliana* dont il a le port, et qui a des pétales également libres. Quant au *Rauia racemosa*, ce n'est autre chose que le *Galipea Fontanesiana*, comme je m'en suis convaincu par la comparaison de mes échantillons avec la figure de M. Nees, et comme tout le monde peut le voir par nos descriptions. Or, cette espèce prouve mieux que tous les raisonnemens la nécessité de réunir le *Rauia* au *Galipea*, car si ces messieurs lui ont trouvé des pétales non soudés, j'en ai trouvé de soudés jusqu'à moitié dans les échantillons que j'ai examinés sur le frais.

P. 170. *Diglottis.* Ce genre a les rapports les plus intimes avec le *Galipea;* cependant on peut le conserver à cause de cette languette qui termine les étamines et qui ne se trouve dans aucune espèce de *Galipea.*

P. 171. *Lasiostemum.* Si ces messieurs ont connu cette plante, ce n'est que par les échantillons de M. le prince de Neuwied, et ils auront conservé sans doute le nom qu'ils auront trouvé dans les notes de ce savant zoologiste. En prouvant que le *Rauia* est identique avec le *Galipea*, j'ai réellement démontré aussi que le *Lasiostemum* faisoit partie de ce dernier genre. En effet, comme on l'a déjà vu et comme paroissent le penser ces messieurs eux-mêmes, le degré d'adhérence des pétales n'a aucune valeur dans les *Cuspariées*; une corolle campanulée se retrouve avec de légères nuances dans mes *Galipea*, le *Cuspare*, le *Galipea Ossana* (voyez la figure); le plus ou moins d'inégalité dans les pétales varie chez les espèces les plus voisines; enfin le nombre des étamines fertiles diffère également dans les *Galipea* qui ont le plus de rapport, puisque le *Cuspare* n'a que deux étamines qui soient fertiles, et le *Lasiostemum* trois, que le *G. pentandra* a toutes les siennes fertiles, et le *G. Candoliana*, si voisin de ce dernier, en a trois stériles. Il y a plus : les caractères sur lesquels on voudroit ici fonder des genres, se combinent en sens inverse dans les espèces où les affinités sont le plus évidentes; ainsi le *G. pentandra* a cinq étamines fertiles et des pétales soudés, tandis que le *G. Candoliana* n'a que deux étamines fertiles et des pétales libres; le *Lasiostemum sylvestre* et le *G. heterophylla*, sur cinq étamines en ont trois fertiles, et sur sept, le *G. Ossana* n'en a que deux pourvues d'anthères; avec ses cinq étamines fertiles, le *Lasiostemum* a, suivant les deux auteurs, des pétales égaux, et avec le même nombre d'étamines, le *G. heterophylla* a des pétales inégaux; enfin il n'est personne qui ne voie qu'il y a infiniment plus de différence entre le *Galipea* d'Aublet et de de Candolle, et le *Ticorea* qu'y rapportent les deux auteurs (leurs *Sciuris*), qu'entre ces mêmes *Galipea*, le *Rauia* et le *Lasiostemum*; et si nous admettions ces deux genres, il faudroit nécessairement, contre l'opinion de MM. de Jussieu, Desfontaines, Kunth et Richard, faire un genre de chacune de mes neuf espèces de *Galipea*, laisser subsister le *Cusparia* et surtout former un genre particulier du *Galipea Ossana* de de Candolle. Achevons donc de reconnoître que toutes ces plantes, se liant par des dégradations insensibles, ne peuvent constituer qu'un seul genre, et que le *Lasiostemum sylvestre* sous le nom de *Galipea sylvestris* doit y trouver une place près du *Galipea pentagyna*, entre le *G. febrifuga* et le *Galipea heterophylla* qui, avec des pétales à la vérité un peu inégaux, mais à peine soudés, a aussi trois étamines fertiles.

P. 172. *Aruba*. Les plantes que ces MM. rapportent à l'*Aruba* d'Aublet, appartiennent à mon *Almeidea*. Dans aucun cas, elles ne peuvent rester avec l'*Aruba* de la Flore de Cayenne, parce que celui-ci n'est qu'un *Simaba*, comme le prouve la description d'Aublet, comme M. de Jussieu l'a reconnu depuis long-temps, et comme l'illustre Richard l'a constaté pendant son séjour à la Guyane, et indiqué dans ses savans manuscrits.

P. 174 et suiv. Les espèces d'*Almeidea* décrites par ces messieurs sont nouvelles. Cependant leur *Almeidea cœrulea* (*Aruba cœrulea*) paroît fort voisin de mon *Almeidea rubra*, et leur *Almeidea acuminata* (*Aruba acuminata*) de mon *Almeidea longifolia*.

P. 176. *Pilocarpus*. Ces messieurs ont adopté pour le pistil les caractères de Wahl. L'anneau charnu dont ils parlent est la portion du gynophore dans laquelle les ovaires sont plongés et qui adhère à leur base. Les coupes transversales prouvent que cette partie du gynophore appartient absolument au même corps que celle qui se trouve sous les ovaires.

P. 177. *Pilocarpus parviflorus*, c'est le même que mon *P. spicata*.

P. 177. *Terpnanthus*. Ce genre est le même que le *Spiranthera*. Ces messieurs, à la vérité, n'ont point parlé du caractère que j'ai signalé dans les anthères et qui a frappé tous ceux qui ont vu mes échantillons; mais cela tient à ce qu'ils n'auront observé que des fleurs imparfaitement développées, comme leurs figures le prouvent assez évidemment. S'ils eussent su quelles plantes se rapportent au *Ticorea*, genre où la soudure des pétales est si remarquable, ils n'auroient pas songé à en rapprocher le *Spiranthera*. La place de celui-ci est entre le *Dictamnus* et le *Calodendron*, comme l'a déjà reconnu M. de Jussieu.

P. 178. *Pohlana*. Ces messieurs substituent ce nom à celui de *Langsdorffia* donné par le P. Leandro aux *Zanthoxylum*, où l'un des deux ovaires a coutume d'avorter. J'ai déjà démontré que ce genre, qui n'a été sans doute conservé par MM. Nees et Martius que par respect pour notre estimable ami le P. Leandro, ne pouvoit être adopté sous aucun nom. Si on l'admettoit, il faudroit à plus forte raison faire un genre du *Delphinium Ajacis*, car je ne me rappelle pas d'avoir rencontré dans ce *Delphinium* des fleurs à plus d'un ovaire; et sur le même rameau dans une même panicule, on trouve des fleurs qui offriroient les caractères des *Zanthoxylum* et ceux attribués au *Langsdorffia* ou *Pohlana*.

P. 185. On ne doit pas s'étonner de ce que ces messieurs

ont laissé subsister le genre *Fagara*, puisqu'ils n'avoient pas connoissance du travail de M. Kunth sur le *Zanthoxylum*.

De l'examen qui précède et des conséquences que l'on doit naturellement tirer du travail important de MM. Nees von Esenbeck et Martius et de leurs intéressantes descriptions, il résulte :

1°. Qu'abstraction faite des *Simaroubées*, la famille des *Rutacées* n'admet d'autre division que celle en *Rutacées proprement dites* et *Rutacées anomales* ou *Cuspariées*.

2°. Que ces dernières ne peuvent être séparées en genres à fleurs polypétales et genres à fleurs monopétales, parce que les soudures de la corolle s'y nuancent par des dégradations insensibles et que des espèces qu'il est impossible d'éloigner, ont, les unes des pétales soudés, et d'autres des pétales libres.

3°. Que le godet qui entoure l'ovaire se trouve avoir été observé jusqu'ici dans quinze espèces de *Cuspariées*, et doit être considéré comme un des caractères de ce groupe.

4°. Que l'absence du périsperme dans ce même groupe a également reçu une nouvelle confirmation.

5°. Qu'il se trouve formé des genres suivans : *Monniera*, *Galipea*, *Ticorea*, *Erythrochiton* et *Diglottis*.

6°. Que le *Sciuris multiflora* doit être rapporté au *Ticorea jasminiflora*; le *Rauia racemosa* au *Galipea Fontanesiana*; le *Pilocarpus parviflorus* au *Pilocarpus spicata*; le *Terpnanthus jasminodorus* au *Spiranthera odoratissima*.

7°. Que l'*Almeidea* ne peut être rapporté à l'*Aruba* d'Aublet qui n'est qu'un *Simaba*.

8°. Que MM. Nees et Martius ont enrichi le genre *Ticorea* de deux espèces sous les noms de *Sciuris bracteata* et *simplicifolia* (*Tic. bracteata* et *simplicifolia*); le genre *Galipea* de trois espèces sous les noms de *Conchocarpus cuneifolius*, *Rauia resinosa*, *Lasiostemum sylvestre* (*Galip. cuneifolia*, *resinosa*, *sylvestris*), et enfin le genre *Almeidea* également de trois espèces sous les noms d'*Aruba cærulea*, *alba* et *acuminata* (*Alm. cærulea*, *alba*, *acuminata*).

Ici se termine la nouvelle tâche que j'ai cru devoir me prescrire; le travail que j'achève ne pouvoit avoir pour moi beaucoup de charmes; mais je me consolerai d'y avoir consacré quelques instans, si j'ai pu signaler des observations utiles, confirmer les principes sur lesquels repose la science des rapports, et faciliter les recherches de ceux qui voudront se livrer d'une manière spéciale à l'étude de la famille des *Rutacées*; famille si intéressante par son organisation, par les singularités qu'y présente l'organe femelle, par les anomalies du groupe des *Cuspariées*, et enfin par les ressources que tant d'espèces offrent à la médecine.

DESCRIPTION

D'UNE

NOUVELLE ESPÈCE D'*ERINUS*.

ERINUS PRIMULOÏDES † (1).

E. Foliis radicalibus, majusculis, oblongis, integerrimis; scapis pluribus; floribus umbellatis.

RADIX tortuosa, crassitudine pennæ, apice fibrosa. FOLIA radicalia, patula, circiter 2-4 pol. longa, 9-12 l. lata, oblonga, obtusa, à medio vel paulò superiùs usquè ad basim attenuata, integerrima, suprà glabra vel puberula, subtùs tomentoso-pubescentia, quandoquè glabriuscula, nervo medio lateralibusque subtùs proeminentibus. SCAPI plures, 1-3-pollicares, graciles, basi pubescentes, supernè glabriusculi. UMBELLA terminalis, pauciflora, inæqualis, sæpè prolifera, involucrata: involucrum 2-3-phyllum; foliolis 3-4 l. longis, inæqualibus, oblongis, seu lineari-oblongis, obtusis, integerrimis, puberulis; pedicelli circiter 2-5 l. longi, inæquales, pubescentes seu glabrati. CALYX 5-partitus, puberulus; laciniis oblongis, acutis, 3-nerviis, tubo corollæ paulò longioribus. COROLLA circiter 5 l. longa, tubulata, inæqualis, glabra, violacco-rubescens; tubo latiusculo; limbo 5-partito, patulo; divisuris, oblongo-cordatis, 2 majoribus. STAMINA 4, didynama, basi tubi inserta, inclusa: filamenta filiformia: antheræ ellipticæ, basi 2-fidæ, apice obtusæ, inter lobos affixæ, submobiles, anticæ, 2-loculares, longitrorsùm dehiscentes. STYLUS inclusus, glaber, apice incurvus, persistens. STIGMA terminale, simplex, obtusum. OVARIUM ovatum, glabrum, compressum, hinc et indè sulco exaratum, 2-loculare,

(1) Relation du voyage, chap. 1.

polyspermum : dissepimento undiquè seminifero. Capsula oblonga, glabra, 2-valvis; valvulis apice 2-fidis; dissepimento valvulis contrario, undiquè seminifero, dehiscentiâ (loculicidâ) plane libero, ante dehiscentiam 2-partito. Semina minutissima, angulosa, apice truncata, obscurè rufa. Umbilicus terminalis. Integumentum membranaceum. Ob nimiam exiguitatem embryonem non observavi.

Crescit in sylvis umbrosis montium vulgò *Serra das Pedras*, 10 l. à civitate *Rio de Janeiro*, alt. circiter 3000 ped. Florebat Decembre.

Obs. I. Il semble que quelques auteurs se soient plu à rendre contradictoires les caractères du genre *Erinus*. Ainsi on lui a attribué tout à la fois une corolle égale et une lèvre supérieure très-courte. La vérité est que la fleur offre une corolle inégale que l'on ne peut guère appeler bi-labiée, mais dont deux divisions sont plus grandes.

Obs. II. On pourroit très-facilement s'imaginer que dans cette plante la déhiscence est septicide, parce que le péricarpe se détache de la cloison, seminifere, que celle-ci se partage dans son milieu, même avant la maturité du fruit, et que, par une singularité fort remarquable, elle a beaucoup moins de largeur entre les deux valves que dans l'autre sens. Pour faire comprendre ce que je dis ici, je ne saurois mieux faire que de comparer chaque portion de la cloison, lorsqu'elle est partagée, mais qu'elle reste encore attachée au péricarpe, je ne saurois mieux faire, dis-je, que de la comparer aux larges placentas des *Gesnériées*, attachés par le milieu du dos aux deux valves de la capsule. Je n'ai pas besoin de faire observer cependant cette différence essentielle, que les placentas des *Gesnériées* qui ont toujours été libres portent des semences à leur face, tandis que les deux faces des portions de cloison qui originairement étoient soudées, doivent nécessairement se montrer nues après leur séparation. Linné paroît avoir entrevu cette organisation. Jussieu en a saisi le trait principal, puisqu'il a placé le genre *Erinus* parmi ses *Pédiculaires* dont la capsule offre des cloisons opposées aux valves. Quant à la description de Gærtner elle est obscure et ne pourroit lever aucun doute.

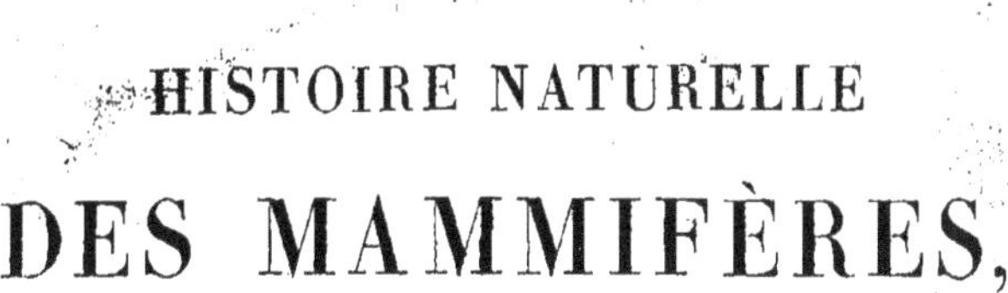

HISTOIRE NATURELLE DES MAMMIFÈRES,

AVEC DES FIGURES ORIGINALES, COLORIÉES, DESSINÉES D'APRÈS DES ANIMAUX VIVANS.

OUVRAGE PUBLIÉ SOUS L'AUTORITÉ DE L'ADMINISTRATION DU MUSÉUM D'HISTOIRE NATURELLE,

PAR M. GEOFFROY SAINT-HILAIRE,

PROFESSEUR DE ZOOLOGIE AU MUSÉUM,

ET PAR M. FRÉDÉRIC CUVIER,

CHARGÉ EN CHEF DE LA MÉNAGERIE ROYALE.

CET ouvrage étant arrivé à sa 40e. livraison a été suspendu momentanément afin qu'on pût recueillir de nouveaux matériaux pour le continuer : l'intervalle qui depuis s'est écoulé a été mis à profit ; des dessins nouveaux ont été rassemblés, et sa publication va être reprise avec activité par le nouvel éditeur, qui vient d'acquérir de M. le comte de Lasteyrie *le fonds et la propriété des 40 premières livraisons.*

Jusqu'à présent cet ouvrage, publié grand in-folio, n'avoit pu pénétrer que dans ces riches bibliothèques pour lesquelles la fortune publique, ou les fortunes particulières font de grands sacrifices ; et il étoit en quelque sorte resté inaccessible à celles qui sont plus exclusivement destinées au travail et à l'étude. Afin d'éviter autant que possible cet inconvénient, nous donnerons une HISTOIRE NATURELLE DES MAMMIFÈRES, format in-4°., qui aura surtout pour objet de former le complément de la partie des Mammifères du RÈGNE ANIMAL *distribué d'après son organisation, par M. le* BARON CUVIER, que nous ferons connoître plus particulièrement par un nouveau Prospectus.

Pour faciliter l'acquisition des 40 premières livraisons de l'ouvrage in-folio, une nouvelle Souscription est ouverte. Le prix de chaque livraison de six figures avec le texte est de . . . . 15 fr.

Les personnes qui prendront les 20 premières livraisons ou les 40 à la fois, les recevront classées dans l'ordre méthodique, cartonnées en 2 volumes, avec titre et tables, à raison de 260 fr. le volume, ou les 2 volumes 520

LA 41e. livraison in-folio, première du 3e. vol., paraîtra dans le courant de ce mois. . . 15

La livraison de l'ouvrage in-4°., composée de 6 figures dessinées et coloriées, avec leur texte imprimé sur grand-raisin fin, *et dont la publication sera annoncée*, ainsi que nous l'avons dit, *par un nouveau Prospectus* 9

Papier vélin d'Annonay 16

Nota. Les figures seront tirées sur papier vélin d'Annonay. Le texte des deux éditions sera imprimé avec des caractères neufs, et rien ne sera négligé pour l'exécution de cet important ouvrage.

On souscrit chez A. BELIN, *Libraire-Éditeur, rue des Mathurins S.-J.*, n°. 14.

Paris, mai 1824.

Paris, Imprimerie de A. BELIN, rue des Mathurins

www.ingramcontent.com/pod-product-compliance
Ingram Content Group UK Ltd.
Pitfield, Milton Keynes, MK11 3LW, UK
UKHW020915180726
13838UKWH00002B/566

9 782329 338965